드림중국어 HSK 3급 실전 모의고사

梦想中国语 HSK 3级 实战模拟考试

드림중국어 HSK 3급 실전 모의고사

梦想中国语 HSK 3级 实战模拟考试

종이책 최신판 발행　2023년 08월 08일
전자책 최신판 발행　2023년 08월 08일

편저:　　　　류환
디자인:　　　드림중국어
발행처:　　　드림중국어
주소:　　　　인천 서구 청라루비로 93, 7층
전화:　　　　032-567-6880
이멜:　　　　5676888@naver.com
등록번호:　　654-93-00416
등록일자:　　2016년 12월 25일

종이책 ISBN:　　979-11-93243-39-8 (13720)
전자책 ISBN:　　979-11-93243-42-8 (15720)

값:　　　　38,800원

이 책은 저작권법에 따라 보호 받는 저작물이므로 무단복제나 사용은 금지합니다. 이 책의 내용을 이용하거나 인용하려면 반드시 저작권자 드림중국어의 서면 동의를 받아야 합니다. 잘못된 책은 교환해 드립니다.

<MP3 무료 다운!>

이 책에 관련된 모든 MP3는 드림중국어 카페(http://cafe.naver.com/dream2088)를 회원 가입 후에 **<교재 MP3 무료 다운>** 에서 무료로 다운 받으실 수 있습니다.

MP3 파일 다운로드 주소:　　　　https://cafe.naver.com/dream2088/3835

시험 답안 다운로드 주소:　　　　https://cafe.naver.com/dream2088/3836

한국어 해석본 다운로드 주소:　　https://cafe.naver.com/dream2088/3837

〈목 록〉

〈HSK 3급 실전 모의 고사 1〉 1

〈HSK 3급 실전 모의 고사 2〉 17

〈HSK 3급 실전 모의 고사 3〉 33

〈HSK 3급 실전 모의 고사 4〉 48

〈HSK 3급 실전 모의 고사 5〉 63

〈HSK 3급 실전 모의 고사 6〉 78

〈HSK 3급 실전 모의 고사 7〉 93

〈HSK 3급 실전 모의 고사 8〉 108

〈HSK 3급 실전 모의 고사 9〉 123

〈HSK 3급 실전 모의 고사 10〉 139

음성 파일 다운로드..**155**

시험 답안 다운로드..**155**

한국어 해석본 다운로드 **155**

드림중국어 시리즈 교재...157

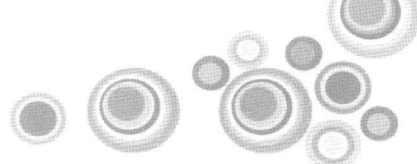

梦想中国语 模拟考试

新汉语水平考试

HSK （三级）1

注　意

一、HSK （三级）分三部分：

1. 听力（40 题，约 35 分钟）

2. 阅读（30 题，30 分钟）

3. 书写（10 题，15 分钟）

二、听力结束后，有 5 分钟填写答题卡。

三、全部考试约 90 分钟（含考生填写个人信息时间 5 分钟）。

一、听力

第一部分

第 1-5 题

A

B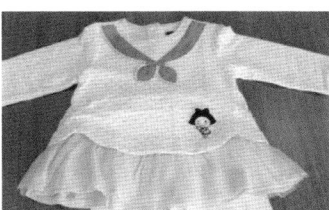

C

D

E

F

例如： 男：喂，请问张经理在吗？　　　　　　　　　　D

女：他正在开会，您半个小时以后再打，好吗？

1.

2.

3.

4.

5.

第 6-10 题

A

B

C

D

E

6. ☐

7. ☐

8. ☐

9. ☐

10. ☐

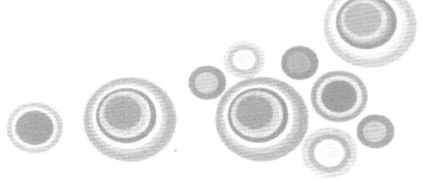

 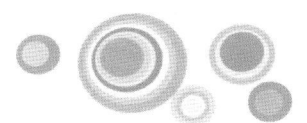

第二部分

第 11-20 题

例如：为了让自己更健康，他每天都花一个小时去锻炼身体。

★ 他希望自己很健康。　　　　　　　　　　　　　　（ √ ）

今天我想早点儿回家。看了看手表，才 5 点。过了一会儿再看表，还是 5 点，我这才发现我的手表不走了。

★ 那块儿手表不是他的。　　　　　　　　　　　　　（ × ）

11. ★ 妹妹正在睡觉。　　　　　　　　　　　　　　　（　　）

12. ★ 他不喜欢小狗。　　　　　　　　　　　　　　　（　　）

13. ★ 他已经到了。　　　　　　　　　　　　　　　　（　　）

14. ★ 这是部新手机。　　　　　　　　　　　　　　　（　　）

15. ★ 他这个周末有时间。　　　　　　　　　　　　　（　　）

16. ★ 他在南京玩了很多地方。　　　　　　　　　　　（　　）

17. ★ 他下周要和父母一起去旅游。　　　　　　　　　（　　）

18. ★ 妹妹不喜欢跳舞。　　　　　　　　　　　　　　（　　）

19. ★ 她最近很轻松。　　　　　　　　　　　　　　　（　　）

20. ★ 爸爸今天晚上要煮面条。　　　　　　　　　　　（　　）

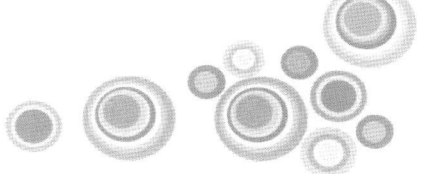

第三部分

第 21-30 题

例如：男：小王，帮我开一下门，好吗？谢谢！

女：没问题。您去超市了？买了这么多东西。

问：男的想让小王做什么？

      A 开门 √   B 拿东西   C 去超市买东西

21. A 感冒发烧   B 腿疼   C 腹泻

22. A 网吧   B 书店   C 咖啡店

23. A 感觉很冷   B 感觉很热   C 生病了

24. A 10：00   B 9:40   C 10:20

25. A 张老师   B 张老师的儿子   C 张老师的弟弟

26. A 牛奶   B 咖啡   C 可乐

27. A 饭店   B 医院   C 超市

28. A 150元   B 50元   C 100元

29. A 写作业   B 睡觉   C 看电视

30. A 离公司太远   B 房子太旧了   C 房子到期了

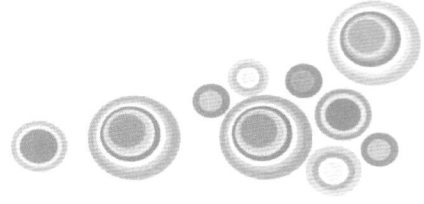

第四部分

第 31-40 题

例如：女：晚饭做好了，准备吃饭了。

男：等一会儿，比赛还有三分钟就结束了。

女：快点儿吧，一起吃，菜冷了就不好吃了。

男：你先吃，我马上就看完了。

问：男的在做什么？

    A 洗澡   B 吃饭   C 看电视 √

31. A 图书馆   B 餐厅   C 医院

32. A 苹果   B 香蕉   C 桃子

33. A 游泳   B 打篮球   C 打羽毛球

34. A 看电视   B 打电话   C 面试

35. A 24号   B 25号   C 26号

36. A 感冒   B 胃痛   C 腹泻

37. A 上班   B 旅游   C 出国

38. A 医院   B 超市   C 学校

39. A 看电影   B 骑自行车   C 去商场

40. A 同事   B 朋友   C 夫妇

二、阅读

第一部分

第 41-45 题

A. 你对什么感兴趣?

B. 你忘了?今天是中秋节!

C. 我们买个蛋糕一起庆祝庆祝吧!

D. 你昨天去图书馆干什么了?

E. 当然。我们先坐公共汽车,然后换地铁。

F. 没有,你再找找,是不是在包里?

例如: 你知道怎么去那儿吗?　　　　　　　　　　　　　　(E)

41. 对了,明天是妈妈的生日!　　　　　　　　　　　　　(　)

42. 我的铅笔去哪儿了?你看见了吗?　　　　　　　　　　(　)

43. 我特别喜欢数学,所以我上数学课都很认真。　　　　　(　)

44. 我想了解一下中国历史文化,就去看看有没有喜欢的书。(　)

45. 你看,今天的月亮好大啊!　　　　　　　　　　　　　(　)

第 46-50 题

A. 不是很好吗？我正想减肥呢！

B. 有什么问题吗？我着急坐飞机呢！

C. 我记得你以前很喜欢吃糖的。

D. 这个帽子好漂亮，送给我吧！

E. 我一般有时间就去，因为运动使我更年轻！

46. 不行，这是我姐姐给我的结婚礼物。　　　　　　　　　　　　（　）

47. 对，但是现在不吃了，我觉得太甜了。　　　　　　　　　　　（　）

48. 最近很忙吧？你看你都瘦了！　　　　　　　　　　　　　　　（　）

49. 你经常去公园锻炼身体吗？　　　　　　　　　　　　　　　　（　）

50. 先生，我们要检查一下您的行李箱！　　　　　　　　　　　　（　）

第二部分

第 51-55 题

A 其实　　　B 感冒　　　C 附近　　　D 舒服　　　E 声音　　　F 把

例如：她说话的（ E ）多好听啊。

51. 马上就要开始上课了，快（　　）手机关了吧。

52. 我知道那个很有名的饭店就在我们学校的（　　）。

53. （　　）我很想知道那个人是做什么的。

54. 这个床真舒服呀！我想（　　）在这个床上睡觉。

55. 听说你（　　）了，你吃药了吗？

第 56-60 题

A 刻   B 一直   C 节   D 爱好   E 被   F 打扫

例如：A：你有什么（ D ）？

B：我喜欢体育。

56. A：我们这是第几（ C ）课了呀？我好饿呀。
B：这是最后一节课了，上完之后就放学了。

57. A：你不是说你新买了一个手机吗？在哪呢？
B：我妈妈的手机坏了，（ E ）她拿去用了。

58. A：你要（ B ）在这里等他吗？他不会来的。
B：没事，你先回去吧。

59. A：我们几点考试？
B：9点考试。现在8点45，还有一（ A ）钟就考试了。

60. A：你在家会帮你妈妈（ F ）房间吗？
B：会呀。妈妈很忙的时候，我会帮一下。

第三部分

第 61-70 题

例如：您是来参加今天会议的吗？您来早了一点儿，现在才八点半。您先进来坐吧。

★ 会议最可能几点开始？

A 8点　　　　B 8点半　　　C 9点 √

61. 我今天早上起床的时候已经7点半了，刷了牙，洗了脸，就出门了，连饭都没有吃。但是到学校的时候，老师已经在上课了。

★ 他今天早上：

A 吃饭了　　　B 迟到了　　　C 没去上学

62. 老师，这个问题太难了，您说过了之后我们还是不懂。老师，您还可以再给我们讲一下吗？

★ 说话的人最可能是：

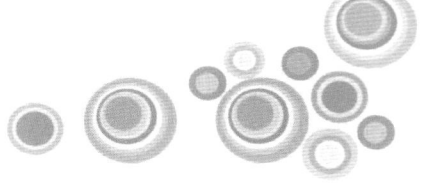

A 学生　　　　B 老师　　　C 服务员

63. 四个季节中，我最喜欢冬天。因为冬天会下雪，我就可以和朋友们一起堆雪人。虽然会很冷，但是会很开心。

★ 他为什么喜欢冬天？

A 冬天冷　　B 冬天会下雪　C 朋友喜欢冬天

64. 人们常说：笑一笑，十年少。所以我们每天都应该要开开心心，快快乐乐地生活。

★ 这句话的意思是：

A 不要笑　　B 努力工作　　C 开心地生活

65. 我已经有十年没有回过家乡了，这次回去的时候，发现家乡的变化非常大。以前的房子都变成大楼了，还有那些街道，我几乎不认识了。

★ 根据这段话，我可以知道：

A 我没有回家　B 家乡变化很大　C 家乡人很热情

66.今天晚上儿子要和他的女朋友回家吃饭,家里有菜,有鱼,有肉,但是没有水果。你去商店买点苹果,西瓜,再买点香蕉吧。

★ 家里没有什么:

    A 菜   B 鸡蛋   C 水果

67.今天放学很早,我就和几个同学一起去打篮球了。打完篮球之后,我们有点饿,就去吃饭了,所以回来晚了。

★ 根据这段话,可以知道:

    A 他在打篮球   B 他在家   C 他在吃饭

68.小刘虽然很年轻,但是同学们都很喜欢他。他不仅课讲得很好,而且就像大哥哥一样,经常帮助同学们解决一些问题。

★ 同学们为什么喜欢刘老师?

    A 课讲得好   B 很年轻   C 和同学们玩

69. 明天是星期六,我准备和朋友一起去看电影。但是朋友和我说他明天要去学车,没有时间。所以,我就只能自己一个人去看电影了。

★ 朋友为什么没有时间?

   A 看电影   B 学车   C 考试

70. 这个世界真的特别小,我刚刚才发现,我的男朋友是我小学同学的同学,而且他们的关系还很好。

★ 我的男朋友是我小学同学的:

   A 同学   B 同事   C 丈夫

三、书 写

第一部分

第 71-75 题

例如：小船　　上　　一　　河　　条　　有

河上有一条小船。

71. 先　　菜单　　我们　　看看

72. 她　　带　　忘了　　护照

73. 很　　这些　　水果　　新鲜

74. 都　　黑色的　　那只狗的　　两只耳朵　　是

75. 你　　晚上　　自己　　骑自行车　　敢不敢　　出去

第二部分

第 76-80 题

例如：没（ 关^{guān} ）系，别难过，高兴点儿。

76. 医院离这儿太远了，我们坐（ 出^{chū} ）租车去吧。

77. 你认识那个人吗？我知道他姓什么，但不知道（ 叫^{jiào} ）什么名字。

78. 中间穿（ 白^{bái} ）色衬衫的那个人是我的弟弟。

79. 我今天想吃面包，不想吃米（ 饭^{fàn} ）。

80. 我来中国是为了学习汉语，（ 交^{jiāo} ）中国朋友，学习中国文化。

梦想中国语 模拟考试

新汉语水平考试

HSK（三级）2

注　意

一、HSK（三级）分三部分：

1. 听力（40 题，约 35 分钟）

2. 阅读（30 题，30 分钟）

3. 书写（10 题，15 分钟）

二、听力结束后，有 5 分钟填写答题卡。

三、全部考试约 90 分钟（含考生填写个人信息时间 5 分钟）。

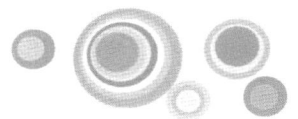

一、听力

第一部分

第 1-5 题

A    B

C 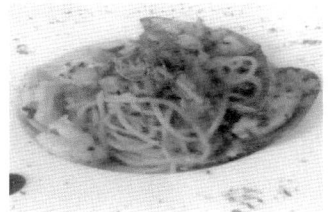   D

E    F

例如：　男：喂，请问张经理在吗？　　　　　　　　　　D

女：他正在开会，您半个小时以后再打，好吗？

1.

2.

3.

4.

5.

第 6-10 题

A    B

C    D

E

6. ☐

7. ☐

8. ☐

9. ☐

10. ☐

 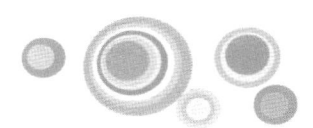

梦想中国语 模拟考试

第二部分

第 11-20 题

例如：为了让自己更健康，他每天都花一个小时去锻炼身体。

　　★ 他希望自己很健康。　　　　　　　　　　　　　（ √ ）

　　今天我想早点儿回家。看了看手表，才 5 点。过了一会儿再看表，还是 5 点，我这才发现我的手表不走了。

　　★ 那块儿手表不是他的。　　　　　　　　　　　　（ × ）

11. ★ 客人已经到了。　　　　　　　　　　　　　　　（　　）

12. ★ 她喜欢这个房子。　　　　　　　　　　　　　　（　　）

13. ★ 她认为这本书很好看。　　　　　　　　　　　　（　　）

14. ★ 她买了这条裙子。　　　　　　　　　　　　　　（　　）

15. ★ 他们昨天去爬山了。　　　　　　　　　　　　　（　　）

16. ★ 她在西安玩儿得很高兴。　　　　　　　　　　　（　　）

17. ★ 女儿不想吃巧克力。　　　　　　　　　　　　　（　　）

18. ★ 妹妹养了两只猫。　　　　　　　　　　　　　　（　　）

19. ★ 她们要去公园散步。　　　　　　　　　　　　　（　　）

20. ★ 她昨天去医院了。　　　　　　　　　　　　　　（　　）

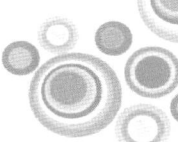

第三部分

第 21-30 题

例如：男：小王，帮我开一下门，好吗？谢谢！

女：没问题。您去超市了？买了这么多东西。

问：男的想让小王做什么？

A 开门 √   B 拿东西   C 去超市买东西

21. A 儿子昨天加班了   B 儿子很轻松   C 儿子饿了

22. A 啤酒   B 红酒   C 咖啡

23. A 10岁   B 11岁   C 12岁

24. A 正在学习   B 后天考试   C 想喝咖啡

25. A 坐地铁   B 自己开车   C 坐出租车

26. A 查字典了   B 看书了   C 看报纸了

27. A 坐公交车   B 步行   C 开车

28. A 发烧   B 头晕   C 胃疼

29. A 看电影了   B 运动了   C 出差了

30. A 9点   B 10点   C 11点

第四部分

第 31-40 题

例如：女：晚饭做好了，准备吃饭了。

男：等一会儿，比赛还有三分钟就结束了。

女：快点儿吧，一起吃，菜冷了就不好吃了。

男：你先吃，我马上就看完了。

问：男的在做什么？

A 洗澡　　　　　　　B 吃饭　　　　　　　C 看电视 √

31.　A 书包　　　　　　　B 鞋　　　　　　　　C 杯子

32.　A 钱包　　　　　　　B 钥匙　　　　　　　C 手机

33.　A 妻子的妹妹　　　　B 妻子的姐姐　　　　C 妻子

34.　A 跑步　　　　　　　B 游泳　　　　　　　C 跳远

35.　A 很好　　　　　　　B 一般　　　　　　　C 很差

36.　A 拍照　　　　　　　B 跳舞　　　　　　　C 聊天

37.　A 饼干　　　　　　　B 面包　　　　　　　C 蛋糕

38.　A 老板　　　　　　　B 老师　　　　　　　C 秘书

39.　A 口渴　　　　　　　B 头晕　　　　　　　C 疲劳

40.　A 150元　　　　　　 B 200元　　　　　　 C 250元

二、阅读

第一部分

第 41-45 题

A. 你的爱好是什么？

B. 我和朋友一起去看电影了。

C. 可以啊，你用吧。

D. 还是那条红色的更漂亮，你穿那条吧。

E. 当然。我们先坐公共汽车，然后换地铁。

F. 当然了，我准备送他一瓶红酒。

例如： 你知道怎么去那儿吗？　　　　　　　　　　　　　　　　（ E ）

41. 明天是爸爸的生日，你准备礼物了吗？　　　　　　　　　　（　）

42. 我的手机坏了，能把你的借我用一下吗？　　　　　　　　　（　）

43. 我的爱好是跳舞，我从五岁就开始学习跳舞了。　　　　　　（　）

44. 你下班之后去哪儿了？　　　　　　　　　　　　　　　　　（　）

45. 你看我穿这条裙子怎么样？　　　　　　　　　　　　　　　（　）

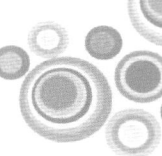

第 46-50 题

A. 你放假之后准备去哪儿呢？

B. 我觉得还挺有意思的。

C. 您好，我要一杯咖啡。

D. 我觉得很好吃，你真厉害。

E. 是的，骑自行车很方便，而且还能锻炼身体。

46. 你每天都骑自行车去上班吗？ （ ）

47. 这个蛋糕是我自己做的，你尝尝看怎么样？ （ ）

48. 你觉得这个电影怎么样？ （ ）

49. 好的，请稍等。 （ ）

50. 我准备和爸爸妈妈一起去旅游。 （ ）

第 51-55 题

    A 辆   B 重要   C 空调   D 比   E 声音   F 难

例如：她说话的（ E ）多好听啊。

51. 这里也太热了吧，快把（   ）打开吧。

52. 你看见那（   ）白色的汽车了吗？那是我买给你的。

53. 每天都快乐地生活其实是一件很（   ）的事情。

54. 这本书对我来说很（   ），不要把它弄坏了。

55. 走路去学校（   ）骑自行车去学校要慢。

第 56-60 题

A 层　　　B 冰箱　　　C 帮　　　D 爱好　　　E 安静　　　F 近

例如：A：你有什么（ D ）？

B：我喜欢体育。

56. A：这些没吃完的菜要放在哪里？
B：你帮我放进（　　）吧。

57. A：谢谢你来（　　）我，等我忙完了这几天，我请你吃饭。
B：没事，正好我今天也没有事情。

58. A：他和你在一起的时候也是这么（　　）吗？
B：没有，他可能是不认识你，所以不讲话。

59. A：我们就去那个宾馆吧，环境还挺不错的。
B：好的，好像离火车站也很（　　）。

60. A：那个电梯坏了，我们不能坐了，只能走上去了。
B：天啊，那么多（　　），走上去得多累啊。

第三部分

第 61-70 题

例如：您是来参加今天会议的吗？您来早了一点儿，现在才八点半。您先进来坐吧。

★ 会议最可能几点开始？

　　A　8点　　　　B　8点半　　　C　9点　√

61. 小明家后面有一个花园，花园里面有树，有花，还有草。孩子们每天都会去花园里面玩。

★ 这段话在介绍什么？

　　A　小明家　　　B　花园　　　C　花园里的花

62. 现在虽然是春天，但是有的时候还是有点冷，特别是晚上。所以，你晚上要多穿点衣服，小心别感冒了。

★ 根据这段话，可以知道现在：

　　A　是冬天　　　B　晚上不冷　　　C　容易感冒

63. 我女儿今年刚刚会说话，经常会问我一些问题，但是有时候都不知道应该怎么回答她。

★ 我女儿：

  A 爱哭　　　B 爱吃东西　　C 爱问问题

64.小时候，我想成为一名老师。现在长大了，我已经成为了一名老师。虽然当老师很累，但是和孩子们在一起很开心。

★ 当老师：

  A 很开心　　　B 不累　　　C 不好

65.我家离公司很近，坐地铁的话只有2站，10分钟。但是每次去上班的时候，坐地铁的人都很多，所以我每天走路去上班。

★ 我为什么不坐地铁？

  A 太贵了　　　B 没钱　　　C 人太多

66.马上就要到毕业晚会了，我想买一条裙子。因为我又胖了，以前的裙子穿不了了。你有时间陪我一起去吗？

★ 根据这段话，可以知道：

A 我买裙子了　　B 我又想吃饭了　　C 我又胖了

67. 小红生病了，一个人在医院，我想去看看她。所以这些衣服，我只能回来洗了。

★ 我要去哪里？

　　A 商店　　　　B 医院　　　　C 家

68. 我有两个好朋友，他们的生日是一天，而且他们两个长得很像，你知道是为什么吗？

★ 根据这段话，我的两个好朋友：

　　A 都很漂亮　　B 都不大　　C 生日同一天

69. 这几天一直是晴天，温度还特别高，我都不想出去，但是还要去学车。没办法，虽然很热，还是要出去。

★ 这几天怎么样？

　　A 很热　　　　B 不热　　　　C 很舒服

70. 今年北方到现在还没有下雪，冬天都快多去一半了，而且听说南方都下了好几场了。今年北方会下雪吗?

★ 北方今年冬天怎么样?

    A 一直是晴天   B 不下雪   C 很冷

三、书 写

第一部分

第 71-75 题

例如：小船　　上　　一　　河　　条　　有

　　　河上有一条小船。

71. 妹妹　　笑了　　高兴地

72. 跳舞　开始　　从　　五岁　　学　　我

73. 买　　爸爸　　超市　　去　　水果

74. 奶奶　　白色的　　猫　　家　　有　　只

75. 下午的考试　　难　　很

第二部分

第 76-80 题

例如：没（ 关 guān ）系，别难过，高兴点儿。

76. 我早上吃了面包，喝了一（ bēi ）牛奶。

77. 今天天气很好，我们一起去（ hǎi ）边散步吧。

78. 天气预报说今天会下雨，别（ wàng ）记带雨伞。

79. 弟弟这次考试得了第一（ míng ），所以妈妈很开心。

80. 我每天早上起来都会（ hē ）一杯水。

梦想中国语 模拟考试

新汉语水平考试

HSK（三级）3

注 意

一．HSK（三级）分三部分：

1.听力（40题，约35分钟）

2.阅读（30题，30分钟）

3.书写（10题，15分钟）

二、听力结束后，有5分钟填写答题卡。

三、全部考试约90分钟（含考生填写个人信息时间5分钟）。

 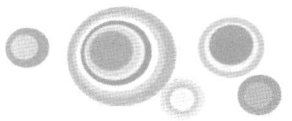

一、听力

第一部分

第 1-5 题

A		B	
C	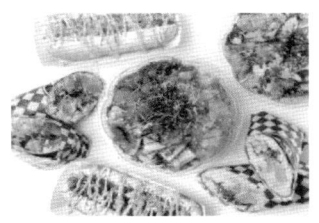	D	
E		F	

例如: 男：喂，请问张经理在吗？　　　　　　　　　　 **D**
　　　女：他正在开会，您半个小时以后再打，好吗？

1. □

2. □

3. □

4. □

5. □

第 6-10 题

A    B

C    D

E

6. ☐

7. ☐

8. ☐

9. ☐

10. ☐

 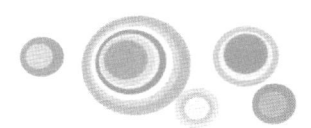

第二部分

第 11-20 题

例如：为了让自己更健康，他每天都花一个小时去锻炼身体。

　　★ 他希望自己很健康。　　　　　　　　　　　　　(√)

　　今天我想早点儿回家。看了看手表，才 5 点。过了一会儿再看表，还是 5 点，我这才发现我的手表不走了。

　　★ 那块儿手表不是他的。　　　　　　　　　　　　(×)

11. ★ 考试题型有变化。　　　　　　　　　　　　(　　)

12. ★ 她喜欢学习汉语。　　　　　　　　　　　　(　　)

13. ★ 姐姐学习成绩很好。　　　　　　　　　　　(　　)

14. ★ 儿子正在吃苹果。　　　　　　　　　　　　(　　)

15. ★ 他的理想是成为一名医生。　　　　　　　　(　　)

16. ★ 她自己去上海玩儿了。　　　　　　　　　　(　　)

17. ★ 她们在挑选礼物。　　　　　　　　　　　　(　　)

18. ★ 他们已经吃完了晚饭。　　　　　　　　　　(　　)

19. ★ 他很喜欢这里。　　　　　　　　　　　　　(　　)

20. ★ 奶奶不喜欢花儿。　　　　　　　　　　　　(　　)

第三部分

第 21-30 题

例如：男：小王，帮我开一下门，好吗？谢谢！

女：没问题。您去超市了？买了这么多东西。

问：男的想让小王做什么？

A 开门 √   B 拿东西   C 去超市买东西

21. A 超市   B 银行   C 邮局

22. A 筷子   B 勺子   C 盘子

23. A 50元   B 100元   C 150元

24. A 早上   B 中午   C 晚上

25. A 超市   B 市场   C 警察局

26. A 图书馆门口   B 教室门口   C 商店门口

27. A 新的   B 蓝色的   C 很大

28. A 饭   B 苹果   C 鱼

29. A 6个月   B 7个月   C 8个月

30. A 西瓜   B 香蕉   C 菠萝

第四部分

第 31-40 题

例如：女：晚饭做好了，准备吃饭了。

男：等一会儿，比赛还有三分钟就结束了。

女：快点儿吧，一起吃，菜冷了就不好吃了。

男：你先吃，我马上就看完了。

问：男的在做什么？

A 洗澡　　　　　　　B 吃饭　　　　　　　C 看电视　√

31. A 超市　　　　　　　B 学校　　　　　　　C 咖啡店

32. A 书　　　　　　　　B 钥匙　　　　　　　C 手机

33. A 晚上加班　　　　　B 不加班　　　　　　C 明天加班

34. A 衬衫　　　　　　　B 运动鞋　　　　　　C 裤子

35. A 人很多　　　　　　B 没有人　　　　　　C 人很少

36. A 有意思　　　　　　B 很贵　　　　　　　C 特别不好

37. A 工作　　　　　　　B 旅游　　　　　　　C 学习

38. A 晚上开会　　　　　B 回家吃饭　　　　　C 不吃饭

39. A 比较胖　　　　　　B 比较瘦　　　　　　C 比较高

40. A 15元　　　　　　　B 20元　　　　　　　C 25元

二、阅读

第一部分

第 41-45 题

A. 我饿了，家里有什么吃的吗？

B. 嗯。真漂亮，我很喜欢。谢谢你。

C. 你早上没吃饭吗？

D. 是的，我昨天晚上11点才回家。

E. 当然。我们先坐公共汽车，然后换地铁。

F. 你去今天超市买什么了？

例如： 你知道怎么去那儿吗？ （ E ）

41. 今天早上起晚了，就没吃饭。 （   ）

42. 听说你昨天加班了？ （   ）

43. 我买了一个西瓜。 （   ）

44. 桌子上有面包，你吃点吧。 （   ）

45. 这是我送你的礼物，喜欢吗？ （   ）

第 46-50 题

A. 这次考试考得怎么样？

B. 我的爸爸是一名警察。

C. 你今天去哪儿了？

D. 客人说咖啡里不要加糖。

E. 把电视关掉，快吃饭吧。

46. 你爸爸是做什么的？　　　　　　　　　　　　　　　（　）

47. 好的，我知道了。　　　　　　　　　　　　　　　　（　）

48. 成绩提高了很多，我很开心。　　　　　　　　　　　（　）

49. 客人有什么要求吗？　　　　　　　　　　　　　　　（　）

50. 我今天去图书馆学习了。　　　　　　　　　　　　　（　）

第二部分

第 51-55 题

A 一点　　B 电子邮件　　C 打算　　D 担心　　E 声音　　F 矮

例如：她说话的（ E ）多好听啊。

51. 我刚刚收到了你给我发的（　　）。

52. 你不用（　　）我，我可以照顾好自己。

53. 你比你妹妹还要（　　）吗？

54. 我（　　）下个月搬新家，到时候你可以来帮我吗？

55. 你怎么就吃这么（　　），再吃一些吧。

第 56-60 题

A 灯　　　B 动物　　　C 迟到　　　D 爱好　　　E 从　　　F 刚才

例如：A：你有什么（ D ）？

B：我喜欢体育。

56. A：你最喜欢什么（　　）？
B：我非常喜欢小狗，我的家里有很多只小狗。

57. A：妈妈，你怎么没有叫我起床，我快要（　　）了。
B：今天不是不用去学校吗？

58. A：我不知道要怎么（　　）学校去你家。
B：你坐2路公共汽车到最后一站就行了。

59. A：你（　　）给我打电话有什么事情吗？
B：没什么特别的事情，就想问你今天晚上有没有时间一起吃饭。

60. A：小明，你走的时候要记得把（　　）给关了。
B：好，我知道了。

第三部分

第 61-70 题

例如：您是来参加今天会议的吗？您来早了一点儿，现在才八点半。您先进来坐吧。

★ 会议最可能几点开始？

A 8点　　　　B 8点半　　　　C 9点　√

61.在家的时候，看见外面有太阳，以为外面不会很冷，没有穿很多衣服就出门了。结果一出去，就刮起了大风。于是，又回家多穿了衣服。

★ 今天的天气怎么样？

A 下雨　　　　B 晴天　　　　C 不冷

62. 今天星期五，我打算去奶奶家住两天回家。去了奶奶家之后，家里没有人。没有办法，只能回家了。

★ 我为什么回家？

A 奶奶不在家　　B 不喜欢奶奶家　　C 奶奶很忙

63. 我喜欢吃鸡蛋和面包，妹妹喜欢吃面条。所以妈妈每天早上为了给我们做早饭，就要起得很早。

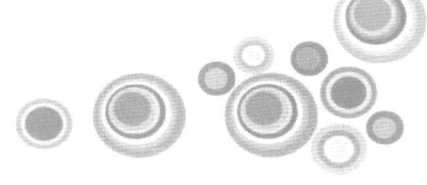

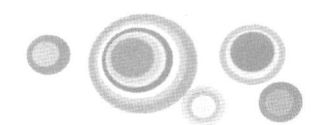

★ 妈妈每天早上

    A 要很早起床   B 要吃面条   C 不起床

64. 我们一家人喜欢吃的东西都不一样。比如爸爸爱吃羊肉，妈妈爱吃牛肉，而我和妹妹爱吃鱼肉。

★ 我和妹妹喜欢吃：

    A 羊肉   B 牛肉   C 鱼肉

65. 我对这里还挺满意的。这里虽然离公司很远，但是交通很方便。而且这里卖的东西很便宜。

★ 让我觉得满意的是：

    A 交通方便   B 东西很贵   C 离公司近

66. 为了使自己变得更健康，我每天早上6点起床，然后去公园跑步。每天晚上吃过晚饭之后，我也会去公园里面走路。

★ 根据这段话，可以知道我每天都会：

    A 吃饭   B 跑步   C 睡觉

67. 昨天是妹妹的生日，我送给妹妹一个手机，她很高兴。因为她的手机坏了，

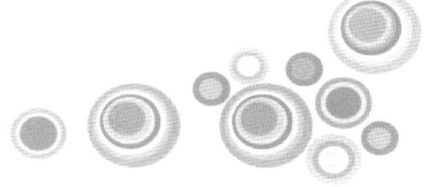

一直想买一个新的。

★ 妹妹为什么高兴？

　　　A 搬新家了　　B 换了新手机　　C 买新衣服了

68.那家饭馆虽然很远，但是菜做得很好吃。每天有很多人都会去那家饭馆吃饭，有时候去晚了，人很多的话，还需要等。

★ 那家饭馆怎么样？

　　　A 很便宜　　　B 很近　　　　C 很好吃

69.为了能考第一名，弟弟每天放学后都很认真地学习，而且有时候会学到晚上12点，但是第二天早上还是会5点半起床读书。

★ 根据这段话，弟弟每天都会

　　　A 去上学　　　B 认真学习　　C 玩游戏

70.在汉语里面，有很多"多音字"。"多音字"是指一个汉字会有很多种读音。所以，多音字对外国人来说很难，而且有时候中国人也不知道自己的读音是不是对的。

★ 多音字：

　　　A 不多　　　B 有多种读音　　C 不难

三、书写

第一部分

第 71-75 题

例如：小船　　上　　一　　河　　条　　有

河上有一条小船。

71. 爸爸　　礼物　　送给他　　一个

72. 很晚　　下班　　才　　今天

73. 买　　妈妈　　商场　　去　　衣服

74. 可爱的　　我　　狗　　家　　有　　只

75. 图书馆　　很多　　有　　人

第 76-80 题

例如：没（ 关^guān ）系，别难过，高兴点儿。

76. 我最喜欢的（ 动^dòng ）物是大象。

77. 今天下（ 班^bān ）以后我们去超市买点水果吧。

78. 今天工作很忙，所以我中午没有去吃（ 饭^fàn ）。

79. 这个书（ 包^bāo ）很漂亮，妹妹一定会喜欢的。

80. 我觉得这本（ 书^shū ）特别有意思，你也可以看一看。

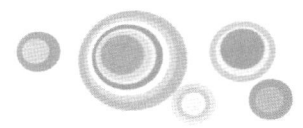

梦想中国语 模拟考试

新汉语水平考试

HSK（三级）4

注　意

一、HSK（三级）分三部分：

　　1.听力（40题，约35分钟）

　　2.阅读（30题，30分钟）

　　3.书写（10题，15分钟）

二、听力结束后，有5分钟填写答题卡。

三、全部考试约90分钟（含考生填写个人信息时间5分钟）。

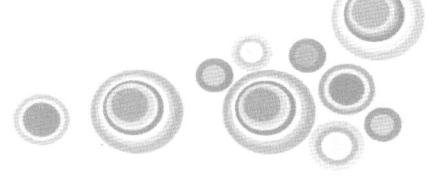

一、听力

第一部分

第 1-5 题

A

B

C

D

E

F

例如： 男：喂，请问张经理在吗？　　　　　　　　　　D

　　　　女：他正在开会，您半个小时以后再打，好吗？

1.

2.

3.

4.

5.

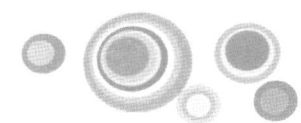

第 6-10 题

A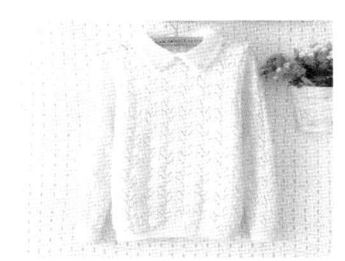

B

C

D

E

6. ☐

7. ☐

8. ☐

9. ☐

10. ☐

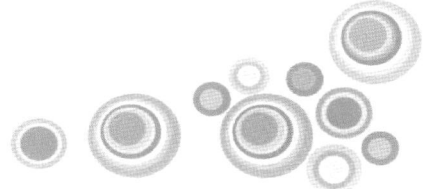

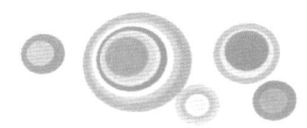

第二部分

第 11-20 题

例如：为了让自己更健康，他每天都花一个小时去锻炼身体。

　　★ 他希望自己很健康。　　　　　　　　　　　　　　(√)

　　今天我想早点儿回家。看了看手表，才 5 点。过了一会儿再看表，还是 5 点，我这才发现我的手表不走了。

　　★ 那块儿手表不是他的。　　　　　　　　　　　　(×)

11. ★ 女儿去年买的裤子还能穿。　　　　　　　　　　(　　)

12. ★ 他现在住在公司附近。　　　　　　　　　　　　(　　)

13. ★ 妹妹喜欢小狗。　　　　　　　　　　　　　　　(　　)

14. ★ 王老板已经到了。　　　　　　　　　　　　　　(　　)

15. ★ 妈妈是一名好老师。　　　　　　　　　　　　　(　　)

16. ★ 昨天她们和奶奶一起散步了。　　　　　　　　　(　　)

17. ★ 他这周去了游乐场。　　　　　　　　　　　　　(　　)

18. ★ 张经理昨天加班了。　　　　　　　　　　　　　(　　)

19. ★ 他昨天没有看电影。　　　　　　　　　　　　　(　　)

20. ★ 妹妹今天没有看电视。　　　　　　　　　　　　(　　)

第三部分

第 21-30 题

例如：男：小王，帮我开一下门，好吗？谢谢！

女：没问题。您去超市了？买了这么多东西。

问：男的想让小王做什么？

    A 开门 √   B 拿东西   C 去超市买东西

21.	A 宾馆	B 餐厅	C 家
22.	A 香蕉	B 水蜜桃	C 菠萝
23.	A 数学题	B 英语题	C 物理题
24.	A 自行车	B 电动车	C 摩托车
25.	A 奶茶	B 冰可乐	C 咖啡
26.	A 很远	B 不远	C 很大
27.	A 7点	B 8点	C 9点
28.	A 咖啡	B 会议资料	C 水杯
29.	A 500元	B 1000元	C 1500元
30.	A 认真听讲	B 认真审题	C 大声朗读

第四部分

第 31-40 题

例如：女：晚饭做好了，准备吃饭了。

男：等一会儿，比赛还有三分钟就结束了。

女：快点儿吧，一起吃，菜冷了就不好吃了。

男：你先吃，我马上就看完了。

问：男的在做什么？

A 洗澡　　　　　　　B 吃饭　　　　　　　C 看电视　√

31. A 工作　　　　　　B 玩游戏　　　　　　C 看电视

32. A 弟弟生病了　　　B 妹妹生病了　　　　C 自己生病了

33. A 热情　　　　　　B 漂亮　　　　　　　C 可爱

34. A 冰箱坏了　　　　B 空调坏了　　　　　C 电脑坏了

35. A 牙　　　　　　　B 腿　　　　　　　　C 腰

36. A 香蕉　　　　　　B 桃子　　　　　　　C 苹果

37. A 牛肉　　　　　　B 猪肉　　　　　　　C 羊肉

38. A 盘子　　　　　　B 筷子　　　　　　　C 杯子

39. A 电影院　　　　　B 奶奶家　　　　　　C 咖啡厅

40. A 90分　　　　　　B 91分　　　　　　　C 92分

二、阅读

第一部分

第 41-45 题

A. 这道题你会吗？

B. 这个行李箱真好看，是你新买的吗？

C. 我想吃饺子。

D. 我特别喜欢学习中文，我以后想在中国工作。

E. 当然。我们先坐公共汽车，然后换地铁。

F. 还没有呢，姐姐喜欢花儿，你觉得送她一束花儿怎么样？

例如：你知道怎么去那儿吗？ (E)

41. 姐姐下周过生日，你准备礼物了吗？ (　　)

42. 我不是很懂，你问问其他人吧。 (　　)

43. 你对中文感兴趣吗？ (　　)

44. 是的，我上周去商场买的。 (　　)

45. 你中午想吃什么？咱们一起去吃吧。 (　　)

第 46-50 题

A. 你弟弟是做什么的？

B. 我最喜欢的水果是桃子。

C. 今天天气真好，咱们一会儿出去散步吧。

D. 好的，我知道了。

E. 她今年五岁了。

46. 好啊，等我一下，我换个衣服。　　　　　　　　　　（ C ）

47. 王秘书，老板说让你去他办公室。　　　　　　　　　（ D ）

48. 我弟弟是一名大学老师。　　　　　　　　　　　　　（ A ）

49. 这是你妹妹吗？真可爱啊，她今年几岁了？　　　　　（ E ）

50. 你最喜欢吃什么水果？　　　　　　　　　　　　　　（ B ）

第二部分

第 51-55 题

A 耳朵　　B 干净　　C 过去　　D 告诉　　E 声音　　F 故事

例如：她说话的（ E ）多好听啊。

51.　你（　　）怎么这么红，很热吗？

52.　（　　）这里还没有这么多的街道。

53.　你（　　）你妈妈你今天晚上不回去吃饭了吗？

54.　妈妈每天都会把家里打扫得很（　　）。

55.　每天在孩子睡觉之前，我都要给他讲（　　）。

第 56-60 题

A 更　　　B 害怕　　　C 给　　　D 爱好　　　E 黑板　　　F 解决

例如：A：你有什么（ D ）？

B：我喜欢体育。

56. A：你和你妹妹谁（　　）高一点啊？
B：我不知道，可能我更高一点吧。

57. A：谢谢你送（　　）我这么漂亮的衣服。
B：没事，你喜欢就好。

58. A：我很（　　）晚上一个人回家，你能和我一起吗？
B：可以呀，一起走吧。

59. A：我觉得（　　）一个问题好难呀。
B：有时候发现问题会更难。

60. A：老师在（　　）上写的那些题，你都做完了吗？
B：还有最后一题。前面的都很简单，但是最后一题特别难。

第三部分

第 61-70 题

例如：您是来参加今天会议的吗？您来早了一点儿，现在才八点半。您先进来坐吧。

★ 会议最可能几点开始？

A 8点　　　　B 8点半　　　　C 9点　√

61. 为了使自己变瘦，我决定每天晚上去跑步。一开始的时候，我每天都会很认真地跑5千米。后来慢慢地变瘦了一点之后，我就越跑越短，现在估计只能跑800米了。

★ 根据这段话，我现在：

A 天天跑步　　B 特别胖　　C 很黑

62. 小明，我给你介绍个女朋友怎么样？她是我的大学同学，长得也不错，人也很好。要不你们这个星期见个面吧。

★ 我想给小明：

A 介绍工作　　B 买吃的　　C 介绍女朋友

63. 我明年就要出国了，我本来打算今天去办护照。但是，今天是星期六，办护照的工作人员今天不上班。

★ 根据这段话，我想去：

    A 找工作   B 办护照   C 买东西

64. 今天是3月的最后一天，我们去超市吧。因为每个月的最后一天，超市里面的很多东西都会打折。

★ 今天是几号？

    A 3月30日   B 3月31日   C 4月1日

65. 这几天，妈妈的头突然很疼，都不能起床了，这让我们很担心。明天是周六，我没事，准备带妈妈去医院检查一下。

★ 妈妈怎么了？

    A 眼睛痛   B 很累   C 头疼

66. 奶奶昨天看电视的时候哭了，因为电视里面的故事和她们以前的生活很像，让奶奶想起来很多事情。

★ 这个电视剧怎么样？

    A 不好看   B 让奶奶很感动   C 很有名

67.我昨天和同学一起去爬山了。今天早上起来之后,我全身都很疼,都动不了了。看来以后还是要多运动运动。

★ 我打算以后:

    A 多休息 B 不爬山了 C 多运动

68.我昨天晚上在睡觉之前,喝了一杯咖啡,结果到晚上2点还没有睡着。以后,我晚上再也不喝咖啡了。

★ 根据这段话,可以知道喝咖啡:

    A 想睡觉 B 很好 C 睡不着

69.现在是5点半,我还有半个小时就下班了,下班了之后我们一起去饭店吃饭,然后吃完饭我们再去电影院看一场电影吧。

★ 根据这段话,我现在在:

    A 看电影 B 吃饭 C 工作

70. 在我家,一般都是我爸爸做饭。因为我妈妈每天早上8点开始上班,到下午6点才下班,完全没有时间做饭。

★ 关于妈妈,我们可以知道:

    A 不愿意做饭 B 没时间做饭 C 很爱做饭

三、书 写

第一部分

第 71-75 题

例如：小船　　上　　一　　河　　条　　有

河上有一条小船。

71. 晚饭　　没有　　今天　　吃　　我

72. 天气　　真不错　　今天

73. 买　　妈妈　　给　　书包　　妹妹

74. 可爱　　我的　　很　　弟弟

75. 一束花　　昨天　　收到　　姐姐

第二部分

第 76-80 题

例如：没（ 关^{guān} ）系，别难过，高兴点儿。

76. 谢谢你的生日礼物，我很喜（ ^{huān} ）。

77. 今天天（ ^{qì} ）不好，看不见太阳。

78. 我妈妈是一名语（ ^{wén} ）老师。

79. 这个笔记（ ^{běn} ）真好看，我想买一个。

80. 明天你有时间吗？我们一起去爬（ ^{shān} ）吧。

梦想中国语 模拟考试

新汉语水平考试

HSK（三级）5

注 意

一、HSK（三级）分三部分：

1.听力（40 题，约 35 分钟）

2.阅读（30 题，30 分钟）

3.书写（10 题，15 分钟）

二、听力结束后，有 5 分钟填写答题卡。

三、全部考试约 90 分钟（含考生填写个人信息时间 5 分钟）。

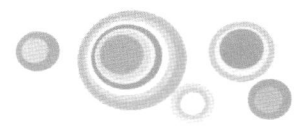

一、听力

第一部分

第 1-5 题

A

B

C

D

E

F

例如： 男：喂，请问张经理在吗？ D

女：他正在开会，您半个小时以后再打，好吗？

1. ☐

2. ☐

3. ☐

4. ☐

5. ☐

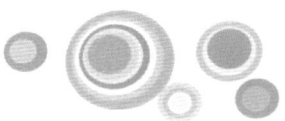

第 6-10 题

A

B

C

D

E

6. ☐

7. ☐

8. ☐

9. ☐

10. ☐

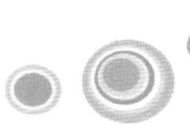
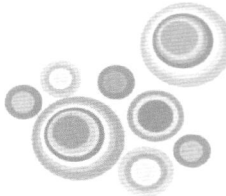

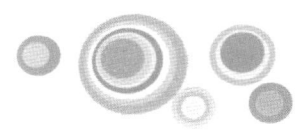

第二部分

第 11-20 题

例如：为了让自己更健康，他每天都花一个小时去锻炼身体。

　　★ 他希望自己很健康。　　　　　　　　　　　　　（ √ ）

　　今天我想早点儿回家。看了看手表，才 5 点。过了一会儿再看表，还是 5 点，我这才发现我的手表不走了。

　　★ 那块儿手表不是他的。　　　　　　　　　　　　（ × ）

11. ★ 她没有带雨伞。　　　　　　　　　　　　　　（　　）

12. ★ 她的好朋友不会跳舞。　　　　　　　　　　　（　　）

13. ★ 他认真学习汉语。　　　　　　　　　　　　　（　　）

14. ★ 张老板现在在公司。　　　　　　　　　　　　（　　）

15. ★ 她的姐姐是一名医生。　　　　　　　　　　　（　　）

16. ★ 哥哥的女朋友很漂亮。　　　　　　　　　　　（　　）

17. ★ 他没有喝酒。　　　　　　　　　　　　　　　（　　）

18. ★ 家里还有感冒药。　　　　　　　　　　　　　（　　）

19. ★ 他们也要去堆雪人。　　　　　　　　　　　　（　　）

20. ★ 爸爸今天开车上班。　　　　　　　　　　　　（　　）

第三部分

第 21-30 题

例如：男：小王，帮我开一下门，好吗？谢谢！

女：没问题。您去超市了？买了这么多东西。

问：男的想让小王做什么？

      A 开门 √   B 拿东西   C 去超市买东西

21.   A 眼镜店   B 手表店   C 手机店

22.   A 办公室   B 教室   C 超市

23.   A 弟弟   B 爸爸   C 哥哥

24.   A 发烧了   B 好多了   C 严重了

25.   A 不渴   B 刚吃完药   C 过敏

26.   A 老师   B 老板   C 朋友

27.   A 病没好   B 腿受伤了   C 不想出去

28.   A 冰箱里   B 桌子上   C 椅子上

29.   A 自己生病   B 妹妹生病   C 姐姐生病

30.   A 羊肉   B 鸡肉   C 鱼

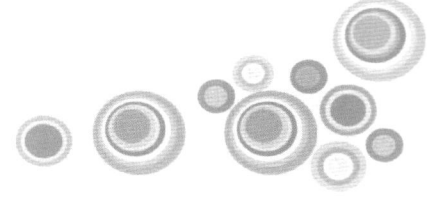

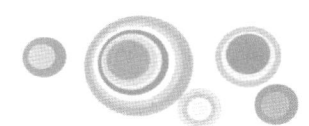

第四部分

第 31-40 题

例如：女：晚饭做好了，准备吃饭了。

男：等一会儿，比赛还有三分钟就结束了。

女：快点儿吧，一起吃，菜冷了就不好吃了。

男：你先吃，我马上就看完了。

问：男的在做什么？

A 洗澡　　　　　　B 吃饭　　　　　　C 看电视　√

31. A 头　　　　　　B 胃　　　　　　C 腿

32. A 男的的　　　　B 女的的　　　　C 男的的姐姐的

33. A 椅子　　　　　B 桌子　　　　　C 沙发

34. A 喝酒了　　　　B 喝咖啡了　　　C 开车回家

35. A 女的　　　　　B 男的　　　　　C 男的的妹妹

36. A 女的　　　　　B 男的的妈妈　　C 男的的爸爸

37. A 空调　　　　　B 冰箱　　　　　C 洗衣机

38. A 三个月　　　　B 两年　　　　　C 五年

39. A 很高　　　　　B 很帅　　　　　C 很胖

40. A 白色　　　　　B 红色　　　　　C 蓝色

二、阅读

第一部分

第 41-45 题

A. 这个电视剧好看吗？

B. 好的，我一会儿带上。

C. 我要一杯果汁，谢谢。

D. 好的，咱们一会儿去吧。

E. 当然。我们先坐公共汽车，然后换地铁。

F. 我下午去理发店剪头发了。

例如： 你知道怎么去那儿吗？ （ E ）

41. 你今天下午去哪儿了？ （ ）

42. 外面好像要下雨，你会儿出门别忘记带雨伞。 （ ）

43. 儿子今天八点到机场，咱们一会儿去接他吧。 （ ）

44. 先生您好，您想喝点什么呢？ （ ）

45. 我觉得这个电视剧特别有意思。 （ ）

第 46-50 题

A. 我妹妹今年上小学五年级了。

B. 我刚刚去卫生间了。

C. 您好，请问张总在吗？

D. 一直向左走10分钟就到了。

E. 我觉得挺好看的。

46. 你觉得我穿这件黄色的毛衣怎么样？　　　　　　　　　　（　）

47. 张总正在开会，等他开完会之后我再给您打电话。　　　　（　）

48. 你妹妹今年上几年级了？　　　　　　　　　　　　　　　（　）

49. 你刚才去哪儿了？打电话怎么没接呢？　　　　　　　　　（　）

50. 您好，请问您知道火车站怎么走吗？　　　　　　　　　　（　）

第二部分

第 51-55 题

A 几乎　　　B 渴　　　C 花　　　D 筷子　　　E 声音　　　F 明白

例如：她说话的（ E ）多好听啊。

51. 我每次都是（　　）快要上课的时候才到学校。

52. 我今天买了水果和一些菜，总共（　　）了60元。

53. 你能听（　　）我刚刚说的话吗？

54. 跑完步之后好（　　）呀，你们要去买水吗？

55. 中国人喜欢用（　　）吃饭。

第 56-60 题

A 努力　　　B 骑　　　C 可能　　　D 爱好　　　E 蓝　　　F 开始

例如：A：你有什么（ D ）？

B：我喜欢体育。

56.
A：你一般会去什么地方旅游？
B：我很喜欢去有（　　）天，白云，然后还有大草原的地方。

57.
A：你都10岁了，还不会（　　）自行车吗？
B：我学过，但是总是学不会，我就不想学了。

58.
A：你爸爸还没有回来吗？都快要吃饭了。
B：他（　　）已经在回来的路上了吧。

59.
A：你一（　　）的时候，觉得这个题怎么样？
B：觉得特别难，不知道怎么写。后来问了老师，就觉得很简单。

60.
A：不是所有的（　　）都可以得到回报的。
B：但是如果你不努力，就不会有回报。

第三部分

第 61-70 题

例如：您是来参加今天会议的吗？您来早了一点儿，现在才八点半。您先进来坐吧。

★ 会议最可能几点开始？

A 8点　　　　B 8点半　　　C 9点　√

61. 最近这一个月，不是在下雨，就是阴天。想要出去也不是很方便。而且每天都是这样的天气，让人的心情都不是很好。

★ 最近的天气怎么样？

A 晴天　　　　B 多云　　　C 雨天

62. 你还在找工作吗？我这里有一个工作，每天的工作时间是早上9点到下午6点，工作也不是很累，就是帮忙接一些电话。

★ 我想给他：

A 介绍工作　　B 办护照　　C 介绍朋友

63. 和你说过很多次了，玩手机对眼睛不好，而且你的眼睛本来就不好，如果你每天还一直玩手机的话，会越来越不好的。

★ 玩手机：

   A　对头不好　　B　对眼睛不好　　C　很好

64.今天星期三，还有两天就是小明的生日了。他很喜欢打篮球，所以我打算买一个篮球作为生日礼物，希望他可以喜欢。

★ 小明的生日是星期几？

   A　星期一　　　B　星期三　　　C　星期五

65.听说那家宾馆还不错，环境也很好。而且离机场还很近。怎么样？要不我们就住那里吧。

★ 那家宾馆：

   A　离公司近　　B　离机场近　　C　离火车站近

66.这件衬衫还是去年买的，只穿过一次，不喜欢，就再也没有穿过了，一直放在箱子里。你要吗，给你。

★ 这件衬衫：

   A　是白色的　　B　很好看　　　C　只穿过一次

67. 现在找工作越来越难了,要想找到一个自己喜欢的工作更难。但是我觉得我们还是要找一个自己感兴趣的工作。

★ 我认为,找工作:

    A 找自己喜欢的   B 很简单   C 能让人更好

68. 我女儿小时候就像个小男孩一样,经常和男孩们一起玩,一起打篮球。现在长大了,慢慢地和女孩玩多了,开始像个小女孩了,而且也开始努力学习了。

★ 女儿:

    A 很爱玩   B 努力学习   C 不爱和女孩玩

69. 最近这几年,喜欢旅游的人越来越多了,而且一到什么节日,去旅游的人就更多了。所以去旅游的话,一定不要选择节日的时候去。

★ 为什么节日的时候不要去旅游。

    A 很忙   B 很热   C 人很多

70. 在过去,这里都是比较矮的旧房子。最近几年,这里完全变了。旧房子变成了大楼,街道,花园等,比以前漂亮多了。

★ 这里以前:

    A 很旧   B 很好   C 很漂亮

三、书 写

第一部分

第 71-75 题

例如：小船　　上　　一　　河　　条　　有

　　　河上有一条小船。

71. 晚饭　面条　今天　吃　我　想

72. 空气　不好　昨天

73. 买　姐姐　给　裙子　妹妹

74. 开心　我的　很　妈妈

75. 一杯　喝了　咖啡　姐姐

第二部分

第 76-80 题

例如：没（ 关^{guān} ）系，别难过，高兴点儿。

76. 我一会儿打车回家就行，不用担（ 　　 ）^{xīn}我。

77. 今天中午我吃了一碗（ 　　 ）^{miàn}条。

78. 最近工作太（ 　　 ）^{máng}了，我很累。

79. 这条裙子很漂（ 　　 ）^{liàng}，女儿一定会喜欢的。

80. 我们一会儿坐公交车去奶奶（ 　　 ）^{jiā}吧。

梦想中国语 模拟考试

新汉语水平考试

HSK（三级）6

注　意

一、HSK（三级）分三部分：

1.听力（40 题，约 35 分钟）

2.阅读（30 题，30 分钟）

3.书写（10 题，15 分钟）

二、听力结束后，有 5 分钟填写答题卡。

三、全部考试约 90 分钟（含考生填写个人信息时间 5 分钟）。

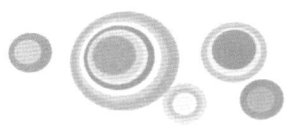

一、听力

第一部分

第 1-5 题

A

B

C

D

E

F

例如： 男：喂，请问张经理在吗？

女：他正在开会，您半个小时以后再打，好吗？ **D**

1. ☐

2. ☐

3. ☐

4. ☐

5. ☐

第 6-10 题

A

B

C

D

E

6.

7.

8.

9. □

10. □

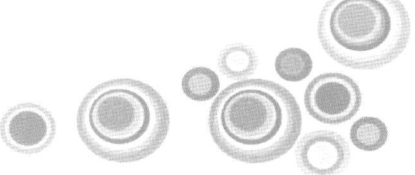

第二部分

第 11-20 题

例如：为了让自己更健康，他每天都花一个小时去锻炼身体。

  ★ 他希望自己很健康。　　　　　　　　　　　　　　（ √ ）

  今天我想早点儿回家。看了看手表，才 5 点。过了一会儿再看表，还是 5 点，我这才发现我的手表不走了。

  ★ 那块儿手表不是他的。　　　　　　　　　　　　　（ × ）

11. ★ 她准备买这条裙子。　　　　　　　　　　　　　　（　　）

12. ★ 姐姐的数学成绩提高了。　　　　　　　　　　　　（　　）

13. ★ 他玩儿得很开心。　　　　　　　　　　　　　　　（　　）

14. ★ 他买了蓝色的衬衫。　　　　　　　　　　　　　　（　　）

15. ★ 姐姐已经结婚了。　　　　　　　　　　　　　　　（　　）

16. ★ 妈妈今天过生日。　　　　　　　　　　　　　　　（　　）

17. ★ 他们中午准备在公司吃饭。　　　　　　　　　　　（　　）

18. ★ 女儿六点到机场。　　　　　　　　　　　　　　　（　　）

19. ★ 他早上没有喝牛奶。　　　　　　　　　　　　　　（　　）

20. ★ 他昨天没有加班。　　　　　　　　　　　　　　　（　　）

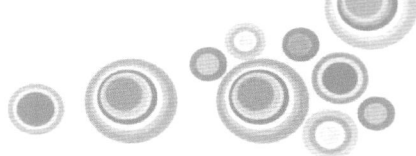

第三部分

第 21-30 题

例如：男：小王，帮我开一下门，好吗？谢谢！

女：没问题。您去超市了？买了这么多东西。

问：男的想让小王做什么？

    A 开门 √   B 拿东西   C 去超市买东西

21.   A 对工作满意   B 同事不热情   C 公司环境不好

22.   A 甜甜   B 千千   C 贝贝

23.   A 男的   B 女的   C 男的的爸爸

24.   A 超市   B 图书馆   C 学校

25.   A 红色   B 黄色   C 蓝色

26.   A 看电视   B 玩儿电脑   C 洗衣服

27.   A 1米75   B 1米8   C 1米85

28.   A 200元   B 300元   C 400元

29.   A 炸蘑菇   B 炸酱面   C 炸肉干

30.   A 开车   B 步行   C 坐地铁

第四部分

第 31-40 题

例如：女：晚饭做好了，准备吃饭了。

男：等一会儿，比赛还有三分钟就结束了。

女：快点儿吧，一起吃，菜冷了就不好吃了。

男：你先吃，我马上就看完了。

问：男的在做什么？

A 洗澡　　　　　　　B 吃饭　　　　　　　C 看电视　√

31.	A 鞋子	B 裤子	C 衣服
32.	A 饺子	B 米饭	C 面条
33.	A 手机	B 电脑	C 游戏机
34.	A 1斤	B 3斤	C 9斤
35.	A 拍照	B 打电话	C 看电视
36.	A 四年	B 五年	C 六年
37.	A 书架里	B 书桌上	C 椅子上
38.	A 朋友	B 夫妻	C 兄妹
39.	A 车钥匙	B 门钥匙	C 钱包
40.	A 爷爷	B 哥哥	C 爸爸

二、阅读

第一部分

第 41-45 题

A. 这是你新买的手机吗?

B. 感觉你今天脸色不太好,是不是没休息好啊?

C. 你的梦想是什么呢?

D. 好的,请稍等。

E. 当然。我们先坐公共汽车,然后换地铁。

F. 我早上吃了一个面包,喝了一杯牛奶。

例如: 你知道怎么去那儿吗? (E)

41. 你今天早上吃什么了? ( )

42. 是的,之前的手机坏了,我上周又去买了一个新的。 ( )

43. 我的梦想是成为一名大学老师。 ( )

44. 您好,麻烦给我拿一下菜单。 ( )

45. 昨天晚上加班了,所以没太休息好。 ( )

第 46-50 题

A. 下周你有时间吗?我们一起去游乐场吧。

B. 听说你妈妈很喜欢花儿。

C. 是的,我特别喜欢这只小狗。

D. 弟弟正在打游戏。

E. 我觉得很适合你,就买这个吧。

46. 你弟弟现在在干什么? ( )

47. 你觉得这个围巾怎么样? ( )

48. 好啊,正好下周我有时间,咱们一起去吧。 ( )

49. 是的,我妈妈在家里养了很多花儿。 ( )

50. 这是你养的小狗吗?它真可爱啊。 ( )

第二部分

第 51-55 题

A 历史　　　B 裤子　　　C 了解　　　D 聪明　　　E 声音　　　F 上网

例如：她说话的（ E ）多好听啊。

51. 这条（　　）也太长了，我穿不起来。

52. 我阿姨家的小孩真的好（　　），每次都考第一名。

53. 春节在中国有着很长的（　　）。

54. 我不是很（　　）那个人，只知道他姓李。

55. 我弟弟真的一点都不喜欢学习，每天只会在房间里面（　　）。

第 56-60 题

A 少　　　　B 糖　　　　C 虽然　　　　D 爱好　　　　E 司机　　　　F 洗手间

例如：A：你有什么（ D ）？

B：我喜欢体育。

56.
A：我肚子好疼呀，我好像要去一下（　　）。
B：那我在这里等你。

57.
A：你不觉得吃完（　　）之后很幸福吗？
B：是很幸福，但是还是少吃一点比较好。

58.
A：服务员，这里还（　　）2个杯子。
B：好的，你稍等一下，我马上给你送给来。

59.
A：你觉得这个房子怎么样？
B：（　　）不是很大，但是很干净。我挺满意的。

60.
A：你一直是出租车（　　）吗？
B：没有，我在开出租车之前，在一个公司上班。

第三部分

第 61-70 题

例如：您是来参加今天会议的吗？您来早了一点儿，现在才八点半。您先进来坐吧。

　　★ 会议最可能几点开始？

　　　　A　8点　　　　B　8点半　　　C　9点　√

61. 以前他是个很爱说话的孩子，长大之后，他越来越不爱说话，越来越安静了。

★ 以前，他很：

　　　　A　安静　　　　B　爱说话　　　C　不爱说话

62.看你今天这么高兴，有什么高兴的事吗？昨天的考试考得很好啊？是不是问题都不是特别难？

★ 根据这段话，她昨天：

　　　　A　去上课了　　　B　去书店里　　C　去考试了

63.前几天白菜才1块钱一斤，这几天下雪，没出门。今天去买菜，白菜已经3块

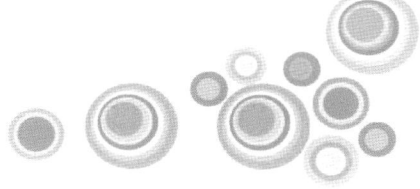

钱一斤了，太贵了。

★ 根据这段话，可以知道：

    A 这几天天气不好　　B 白菜很便宜　　C 没人出门

64. 我觉得学习语言，应该要多听多说，这样会很有帮助。很多学习语言的人，都害怕说，然后他们就不会说，这样是不对的。

★ 我觉得学习语言应该：

    A 多写　　　　B 多说　　　　C 不说

65. 要想了解一个人，就需要和他相处一段时间。如果认识的时间很短，对一个人的了解应该是不会太多的。

★ 了解一个人：

    A 要很长时间　　B 不需要时间　　C 很快

66. 我不认识路的时候，去问我同学应该怎么走。她告诉我要向东，向南，向西，向北走。但是我分不清东南西北。

★ 根据这段话，我同学喜欢说：

    A 前后左右　　B 东南西北　　C 一直走

67. 你知道吗，我妹妹她特别喜欢小猫和小狗。家里已经有一只小猫和一只小狗了，但是她说她还要买两只小狗。

★ 根据这段话，我妹妹：

   A 喜欢小动物 B 喜欢玩 C 要买兔子

68. 喂，妈妈，我今天晚上要晚点回去。放学之后，我要和同学先去踢足球，然后去吃饭，吃过饭之后我们要去看电影。所以应该会很晚才回去。

★ 我现在在：

   A 踢足球   B 吃饭   C 打电话

69. 我今天晚上要参加晚会，你说这两件衣服哪一件更好呢？你给我选一件吧。我真的不知道要穿哪件了。

★ 我今天晚上要去：

   A 玩   B 电影院   C 参加晚会

70. 明天就是你的生日了，这是我送给你的礼物。是一台电脑。我看你的电脑太旧了，而且很慢，就给你买了一台新的，希望你可以喜欢。

★ 我为什么要送她礼物？

   A 她的生日 B 她考了第一名 C 她找到工作了

三、书 写

第一部分

第 71-75 题

例如：小船　　上　　一　　河　　条　　有

　　　<u>河上有一条小船。　　　　　　</u>

71. 两点　机场　下午　姐姐　到

72. 心情　不好　今天　妹妹

73. 买　爸爸　给　奶奶　电视

74. 合格　考试　今天　我　了

75. 一杯　喝了　牛奶　早上　弟弟

第二部分

第 76-80 题

例如：没（ 关^{guān} ）系，别难过，高兴点儿。

76. 我昨天晚上和（ 朋^{péng} ）友一起去打篮球了。

77. 今天下班之后我去水（ 果^{guǒ} ）店买了一个西瓜。

78. 下个月我（ 想^{xiǎng} ）和父母一起去旅游。

79. 妈妈每天开（ 车^{chē} ）去上班。

80. 我的理想是（ 成^{chéng} ）为一名医生。

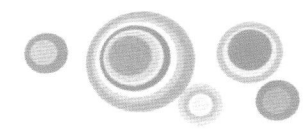

梦想中国语 模拟考试

新汉语水平考试

HSK（三级）7

注 意

一、HSK（三级）分三部分：

1. 听力（40 题，约 35 分钟）

2. 阅读（30 题，30 分钟）

3. 书写（10 题，15 分钟）

二、听力结束后，有 5 分钟填写答题卡。

三、全部考试约 90 分钟（含考生填写个人信息时间 5 分钟）。

一、听力

第一部分

第 1-5 题

A 　　B

C 　　D

E 　　F

例如：　男：喂，请问张经理在吗？　　　　　　　　　D

　　　　女：他正在开会，您半个小时以后再打，好吗？

1.　　□

2.　　□

3.　　□

4.　　□

5.　　□

第 6-10 题

A

B

C

D

E

6. ☐

7. ☐

8. ☐

9. ☐

10. ☐

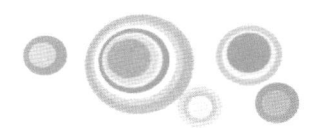

第二部分

第 11-20 题

例如：为了让自己更健康，他每天都花一个小时去锻炼身体。

★ 他希望自己很健康。　　　　　　　　　　　　　　（ √ ）

　　今天我想早点儿回家。看了看手表，才 5 点。过了一会儿再看表，还是 5 点，我这才发现我的手表不走了。

★ 那块儿手表不是他的。　　　　　　　　　　　　（ × ）

11．★ 哥哥准备6月份结婚。　　　　　　　　　　　　（　　）

12．★ 行李箱很贵。　　　　　　　　　　　　　　　　（　　）

13．★ 他希望得第一名。　　　　　　　　　　　　　　（　　）

14．★ 今天是星期三。　　　　　　　　　　　　　　　（　　）

15．★ 今天是女儿的生日。　　　　　　　　　　　　　（　　）

16．★ 爷爷家附近没有小河。　　　　　　　　　　　　（　　）

17．★ 妹妹画了一只小狗。　　　　　　　　　　　　　（　　）

18．★ 他喜欢打羽毛球。　　　　　　　　　　　　　　（　　）

19．★ 奶奶很健康。　　　　　　　　　　　　　　　　（　　）

20．★ 咖啡店客人很多。　　　　　　　　　　　　　　（　　）

梦想中国语 模拟考试

第三部分

第 21-30 题

例如：男：小王，帮我开一下门，好吗？谢谢！

女：没问题。您去超市了？买了这么多东西。

问：男的想让小王做什么？

   A 开门 √   B 拿东西   C 去超市买东西

21. A 西瓜汁   B 苹果汁   C 葡萄汁

22. A 东门   B 西门   C 南门

23. A 可乐   B 牛奶   C 咖啡

24. A 有男朋友   B 今年去旅游了 C 今年25岁

25. A 王老板   B 李老板   C 张老板

26. A 玩儿游戏   B 刷碗   C 看电视

27. A 姐姐会跳舞 B 姐姐接他回家 C 坐地铁回家

28. A 很好   B 一般   C 不好

29. A 看樱花   B 去动物园   C 上班

30. A 公司门口   B 咖啡店   C 饭店

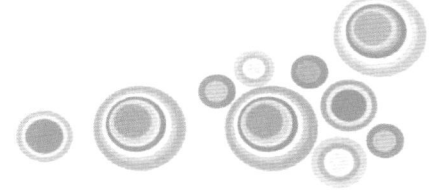

第四部分

第 31-40 题

例如：女：晚饭做好了，准备吃饭了。

男：等一会儿，比赛还有三分钟就结束了。

女：快点儿吧，一起吃，菜冷了就不好吃了。

男：你先吃，我马上就看完了。

问：男的在做什么？

    A 洗澡   B 吃饭   C 看电视 √

31. A 书 B 笔记本 C 书包

32. A 很可爱 B 很热情 C 很严肃

33. A 超市 B 教室 C 水果店

34. A 火车站 B 汽车站 C 机场

35. A 去洗澡了 B 睡觉了 C 手机坏了

36. A 今天 B 明天 C 后天

37. A 手套 B 帽子 C 围巾

38. A 游乐场 B 公园 C 电影院

39. A 2000元 B 5000元 C 10000元

40. A 骑自行车 B 坐地铁 C 步行

二、阅读

第一部分

第 41-45 题

A. 听说你昨天搬家了？

B. 明天你有时间吗？我想去买双鞋，你能和我一起去吗？

C. 明天早上七点的火车，你可千万别迟到。

D. 你中午在哪儿吃的饭啊？

E. 当然。我们先坐公共汽车，然后换地铁。

F. 冰箱里有几块儿蛋糕，你拿出来吃吧。

例如： 你知道怎么去那儿吗？ (E)

41. 放心吧，我会准时到的。 ( )

42. 是的，之前的房子离公司太远了。 ( )

43. 我又饿了，冰箱里有什么吃的吗？ ( )

44. 我中午在公司附近的饭店吃的。 ( )

45. 明天我要和男朋友一起去看电影，不能和你一起去了。 ( )

第 46-50 题

A. 这条河多长啊？

B. 你每天早上怎么上班啊？

C. 不要老是玩儿电脑，对眼睛不好。

D. 我想去图书馆借本书。

E. 是的，我已经习惯了。

46. 好的，我马上把电脑关掉。 （ ）

47. 这条河不太长，只有200多米。 （ ）

48. 我每天早上坐地铁去上班。 （ ）

49. 你冬天也用凉水洗脸吗？ （ ）

50. 下午你准备干什么呢？ （ ）

第二部分

第 51-55 题

A 提高   B 相同   C 一边   D 眼镜   E 声音   F 越

例如：她说话的（ E ）多好听啊。

51. 夏天快要到了，天气也（　　）来越热了。

52. 她每天都会（　　）写作业一边听音乐。

53. 我和我的丈夫有着（　　）的兴趣，都喜欢旅游。

54. 想要（　　）自己的汉语水平，就需要多练习练习。

55. 外面的太阳太大了，我们戴（　　）出去吧。

第 56-60 题

A 极　　B 终于　　C 行李箱　　D 爱好　　E 新鲜　　F 意思

例如：A：你有什么（ D ）？

B：我喜欢体育。

56.
A：我们的考试（　　）结束了，好开心。
B：那你现在要回家吗？

57.
A：这个（　　）太小了，换一个大一点的吧。
B：没事，我带的衣服不多。

58.
A：这些水果很（　　），快吃吧。
B：不用了，我刚刚吃了很多饭，肚子已经很饱了。

59.
A：你听过那个歌手唱过的歌吗？
B：听过，她真的唱得好（　　）了。

60.
A：你知道这句话是什么（　　）吗？
B：我也不知道，你去问问老师吧。

第三部分

第 61-70 题

例如：您是来参加今天会议的吗？您来早了一点儿，现在才八点半。您先进来坐吧。

★ 会议最可能几点开始？

A 8点　　　　B 8点半　　　　C 9点　√

61. 在学习汉语的时候，经常会有不认识的字。这时候，我们可以查字典，因为字典里面有拼音，也有字的意思，很方便。

★ 根据这段话，字典

A 有拼音　　　B 没有意思　　　C 不方便

62. 很多人很喜欢吃糖，因为糖很甜，吃过之后很幸福。但是糖吃多了对牙不好，所以我们应该要少吃糖，保护自己的牙齿。

★ 为什么不能多吃糖？

A 很甜　　　　B 对牙不好　　　C 很贵

63. 昨天妈妈鱼肉买多了，这样放在外面应该会坏吧。你帮我把这些鱼肉放到冰箱里面吧,这样就算过几天也不会坏的。

★ 鱼肉应该放在哪里?

      A 外面   B 桌子上   C 冰箱里

64.你不要着急,慢慢找。孩子应该就在这附近,或者去同学家了。她那么聪明,不会被别人骗走的。

★ 他为什么这么着急?

      A 孩子生病了   B 孩子不见了   C 爸爸不见了

65.学校离我家很远,我每天骑自行车去学校要40分钟。但是昨天下雨了,骑自行车不方便,我就坐出租车去学校,结果只花了15分钟就到学校了。

★ 根据这段话,可以知道骑自行车比坐出租车:

      A 慢   B 快   C 一样快

66.我妈妈早上8点就要去上班。但是她每天早上5点就会起床,因为她要给我和妹妹做早饭,然后还要洗衣服,打扫房间,妈妈真的很辛苦!

★ 根据这段话,妈妈每天:

      A 不洗衣服   B 不打扫   C 要做早饭

67.学生们经常去学校的时候会自己准备一些吃的,因为虽然他们每天早上都会吃早饭，但是一到上午10点左右，肚子还是会饿。

★ 根据这段话，学生们在上午10点左右：

       A 会很累   B 会饿   C 想睡觉

68. 我今天下午开完会之后，会晚点回家。因为我有一个朋友生病了，我去医院看看他。

★ 我为什么要晚回家？

       A 看老师   B 看同学   C 看朋友

69. 我妹妹和你一样，都不爱吃苹果。真的很奇怪，苹果那么好吃，你们为什么不喜欢吃呢？

★ 根据这段话，可以知道我：

       A 爱吃苹果   B 不爱吃苹果   C 爱吃西瓜

70. 现在也不下雨了，我们出去走走吧。或者我们去商店买点东西，正好家里也没有水果，没有鸡蛋了，不买的话，明天就吃不了早饭了。

★ 我想要干什么？

       A 洗衣服   B 买东西   C 看电影

三、书写

第一部分

第 71-75 题

例如：小船　　上　　一　　河　　条　　有

河上有一条小船。

71. 爸爸　我　医生　是

72. 中文　学习　妹妹　三年　已经　了

73. 买了　运动鞋　昨天　我　一双

74. 考试　语文　非常　简单

75. 经常　弟弟　玩儿　游戏　电脑

第二部分

第 76-80 题

例如：没（ 关^{guān} ）系，别难过，高兴点儿。

76. 明天是妈妈的生日，我准备送她一束（ ^{huā} ）。

77. 她微笑着回答了老（ ^{shī} ）的问题。

78. 我的车（ ^{huài} ）了，所以今天坐地铁去上班。

79. 这个小女孩儿（ ^{zhēn} ）可爱。

80. 听说你最喜欢（ ^{chī} ）的水果是桃子。

新汉语水平考试

HSK （三级）8

注　意

一、HSK （三级）分三部分：

　　1.听力（40 题，约 35 分钟）

　　2.阅读（30 题，30 分钟）

　　3.书写（10 题，15 分钟）

二、听力结束后，有 5 分钟填写答题卡。

三、全部考试约 90 分钟（含考生填写个人信息时间 5 分钟）。

一、听力

第一部分

第 1-5 题

A

B

C

D

E

F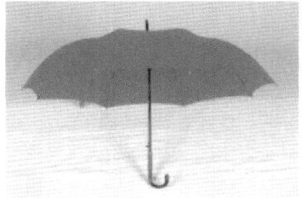

例如： 男：喂，请问张经理在吗？ ☐ D
女：他正在开会，您半个小时以后再打，好吗？

1. ☐

2. ☐

3. ☐

4. ☐

5. ☐

 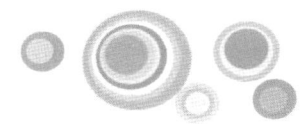

第 6-10 题

A

B

C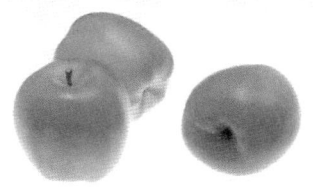

D

E

6. □

7. □

8. □

9. □

10. □

第二部分

第 11-20 题

例如：为了让自己更健康，他每天都花一个小时去锻炼身体。

　　★ 他希望自己很健康。　　　　　　　　　　　　　　（ √ ）

　　今天我想早点儿回家。看了看手表，才 5 点。过了一会儿再看表，还是 5 点，我这才发现我的手表不走了。

　　★ 那块儿手表不是他的。　　　　　　　　　　　　（ × ）

11. ★ 哥哥现在是一名篮球运动员。　　　　　　　　　（　　）

12. ★ 他想成为一名老师。　　　　　　　　　　　　　（　　）

13. ★ 妹妹的英语很好。　　　　　　　　　　　　　　（　　）

14. ★ 他现在住的房子很大。　　　　　　　　　　　　（　　）

15. ★ 他的爸爸妈妈经常在家陪他。　　　　　　　　　（　　）

16. ★ 奶奶自己去医院检查身体了。　　　　　　　　　（　　）

17. ★ 妹妹会弹钢琴。　　　　　　　　　　　　　　　（　　）

18. ★ 他昨晚去游泳了。　　　　　　　　　　　　　　（　　）

19. ★ 她准备穿蓝色的裙子。　　　　　　　　　　　　（　　）

20. ★ 她今天去了超市。　　　　　　　　　　　　　　（　　）

第三部分

第 21-30 题

例如：男：小王，帮我开一下门，好吗？谢谢！

女：没问题。您去超市了？买了这么多东西。

问：男的想让小王做什么？

   A 开门 √   B 拿东西   C 去超市买东西

21. A 香蕉   B 芒果   C 苹果

22. A 4元   B 5元   C 20元

23. A 星期五   B 星期六   C 星期日

24. A 姑姑   B 姐姐   C 妈妈

25. A 天气晴朗   B 可能要下雨   C 刮风

26. A 鸡蛋   B 面包   C 面条

27. A 手表   B 手机   C 手镯

28. A 戒指   B 项链   C 耳环

29. A 吃饭   B 发邮件   C 看电视

30. A 很无聊   B 很搞笑   C 一般

第四部分

第 31-40 题

例如：女：晚饭做好了，准备吃饭了。

男：等一会儿，比赛还有三分钟就结束了。

女：快点儿吧，一起吃，菜冷了就不好吃了。

男：你先吃，我马上就看完了。

问：男的在做什么？

A 洗澡　　　　　　B 吃饭　　　　　　C 看电视　√

31.　A 3年　　　　　　B 4年　　　　　　C 5年

32.　A 1个　　　　　　B 2个　　　　　　C 3个

33.　A 咖啡　　　　　　B 牛奶　　　　　　C 饮料

34.　A 警察局　　　　　B 医院　　　　　　C 学校

35.　A 生病了　　　　　B 家里有事　　　　C 出差了

36.　A 银行　　　　　　B 火车站　　　　　C 医院

37.　A 咖啡　　　　　　B 可乐　　　　　　C 牛奶

38.　A 男的的妈妈　　　B 女的的妈妈　　　C 男的的阿姨

39.　A 1斤　　　　　　B 2斤　　　　　　C 3斤

40.　A 爸爸　　　　　　B 哥哥　　　　　　C 爷爷

二、阅读

第一部分

第 41-45 题

A. 感觉你脸色不太好,是身体不舒服吗?

B. 听说你下月要去北京?

C. 外面风很大,咱们还是不要出去了吧。

D. 你每天晚上几点睡觉啊?

E. 当然。我们先坐公共汽车,然后换地铁。

F. 好的,你稍等,我马上把空调打开。

例如: 你知道怎么去那儿吗? (E)

41. 咱们中午还出去吗? ( )

42. 是的,我胃有点疼。 ( )

43. 房间里太热了,还是把空调打开吧。 ( )

44. 对,下个月我要去北京参加演讲比赛。 ( )

45. 如果不加班的话我一般晚上十点就睡觉了。 ( )

第 46-50 题

A. 你怎么哭了呢？发生什么事儿了吗？

B. 她是我妈妈的大学同学。

C. 是的，地铁站离我家特别近，很方便。

D. 你下午和谁一起去公园了？

E. 这道题我不会做，你能告诉我一下吗？

46. 好的，我给你讲讲。 ( )

47. 我这次考试考的不太好，所以有点难过。 ( )

48. 这个照片里的人是谁啊？ ( )

49. 你每天都坐地铁上班吗？ ( )

50. 我和我奶奶一起去的。 ( )

第二部分

第 51-55 题

A 一定　　　B 种　　　C 准备　　　D 新闻　　　E 声音　　　F 颜色

例如：她说话的（ E ）多好听啊。

51. 你刚刚去商店买了几（　　）水果？

52. 我（　　）这个星期六和我的学生去爬山。

53. 你穿这种（　　）的衣服不好看，你去换一件吧。

54. 自从爸爸买了手机后，他就用手机看（　　）了。

55. 你这么开心，（　　）是考了第一名吧。

第 56-60 题

A 新　　　B 普通话　　　C 结婚　　　D 爱好　　　E 面条儿　　　F 结束

例如：A：你有什么（ D ）？

B：我喜欢体育。

56. A：这是你买的（　　）手表吗？真漂亮！
B：这个不是，这是我姐姐给我的。

57. A：你们已经在一起5年了，打算（　　）了吗？
B：我们还没有想过。

58. A：我们今天晚上去那家饭店吃（　　）吧？
B：我今天中午才吃的，我不想吃了，我想吃米饭。

59. A：你刚刚说的是（　　）吗，我怎么没有听懂？
B：我刚刚说的是英语。

60. A：你们考试什么时候（　　）？
B：我们9点开始考试，要考2个小时。

第三部分

第 61-70 题

例如：您是来参加今天会议的吗？您来早了一点儿，现在才八点半。您先进来坐吧。

　　★ 会议最可能几点开始？

　　　　A　8点　　　　B　8点半　　　　C　9点　√

61.这是你女儿吗？我之前看到的时候才这么大，现在已经这么高了，这么漂亮了！真的是"女大十八变，越变越变漂亮。"

★ 关于他女儿，我们可以知道：

　　　　A　没变　　　　B　变高了　　　　C　以前很高

62.你还记得我的生日，还给我买了礼物。我真的是太感动了！谢谢你的礼物，我非常喜欢。

★ 他还记得：

　　　　A　我的生日　　　B　要上课　　　C　要去上班

63.遇到问题时，你不要这么着急，你越着急就越想不出解决问题的办法。你慢慢地想，总会有办法的。

★ 遇到问题：

    A 不要着急   B 很难过   C 很难解决

64. 我和我的丈夫都是老师，我们有着相同的爱好。每当我们有时间的时候，我们就会去旅游，现在我们已经去过很多国家了。

★ 根据这段话，可以知道我和丈夫：

    A 同一天生日   B 同一个姓   C 都是老师

65. 小明，你过来帮爸爸一个忙，爸爸的腿很痛，走不了路了。你帮我拿一下衣服，就在那边。

★ 爸爸要小明拿什么？

    A 手机   B 电脑   C 衣服

66. 小红，教室里只有你一个人吗？那你走的时候，要记得把灯给关了啊。不要忘记啊。

★ 小红走的时候，要记得：

    A 关门   B 关灯   C 开灯

67. 你们看见我的杯子了吗？就是我刚刚拿着的那个红色的杯子，我出去的时候把它放在桌子上，现在不见了。

★ 我的杯子：

    A 是红色的　　B 在桌子上　　C 在书包里

68.我昨天看的那个电影太有意思了，你要去看吗？你如果去看的话，我就和你一起去，我还想再看一次。

★ 他觉得那个电影：

    A 没意思　　B 很好看　　C 很感动

69.我昨天去爬山，回家的时候实在是太累了。一到家我就去房间睡觉了。然后今天早上起来，我身上好痛。我再也不想去爬山了。

★ 根据这段话，爬山：

    A 很累　　B 不累　　C 很好玩

70.我每天早上和晚上都会刷牙，而且每次刷牙都会超过2分钟。但是牙还是会坏。可能是因为我吃了很多甜的东西吧。

★ 我的牙为什么会坏？

    A 不刷牙　　B 吃了很多甜的东西　　C 喝了很多可乐

三、书 写

第一部分

第 71-75 题

例如：小船　　上　　一　　河　　条　　有

<u>河上有一条小船。</u>

71. 香蕉　　我　　吃　　喜欢

72. 动物园　　女儿　　周六　　我　　去　　和　　要

73. 不一样　　南方　　北方　　天气　　和

74. 成绩　　弟弟　　提高　　的　　了

75. 公园　　奶奶　　散步　　去　　了

第二部分

第 76-80 题

例如：没（ 关^guān ）系，别难过，高兴点儿。

76. 姐姐将（ 衣^yī ）服洗得很干净。

77. 我学汉语已经五（ 年^nián ）了。

78. 妈妈，今天（ 中^zhōng ）午咱们出去吃怎么样？

79. 妹妹的眼睛非常（ 大^dà ）。

80. 这件衣服不（ 太^tài ）适合你，太大了。

新汉语水平考试

HSK （三级）9

注 意

一、HSK （三级）分三部分：

1. 听力（40 题，约 35 分钟）

2. 阅读（30 题，30 分钟）

3. 书写（10 题，15 分钟）

二、听力结束后，有 5 分钟填写答题卡。

三、全部考试约 90 分钟（含考生填写个人信息时间 5 分钟）。

一、听力

第一部分

第 1-5 题

A 　　　　　B

C 　　　　　D

E 　　　　　F

例如：　男：喂，请问张经理在吗？　　　　　　　D
　　　　女：他正在开会，您半个小时以后再打，好吗？

1.

2.

3.

4.

5.

第 6-10 题

A

B

C

D

E

6. ☐

7. ☐

8. ☐

9. ☐

10. ☐

 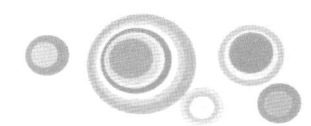

第二部分

第 11-20 题

例如：为了让自己更健康，他每天都花一个小时去锻炼身体。

  ★ 他希望自己很健康。   （ √ ）

  今天我想早点儿回家。看了看手表，才 5 点。过了一会儿再看表，还是 5 点，我这才发现我的手表不走了。

  ★ 那块儿手表不是他的。   （ × ）

11. ★ 他的爷爷去过很多国家。   （ ）

12. ★ 王总的办公室在6楼。   （ ）

13. ★ 他家离公司很远。   （ ）

14. ★ 他每天早上吃苹果。   （ ）

15. ★ 妈妈坐火车回来。   （ ）

16. ★ 他没有吃晚饭。   （ ）

17. ★ 她今天看电视了。   （ ）

18. ★ 同学们不喜欢妹妹。   （ ）

19. ★ 她现在正在使用自己的电脑。   （ ）

20. ★ 今天是星期六。   （ ）

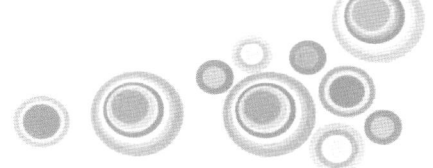

第三部分

第 21-30 题

例如：男：小王，帮我开一下门，好吗？谢谢！

女：没问题。您去超市了？买了这么多东西。

问：男的想让小王做什么？

A 开门 √　　　　　　B 拿东西　　　　　　C 去超市买东西

21. A 10点　　　　　　B 11点　　　　　　C 12点

22. A 看电视　　　　　B 做饭　　　　　　C 工作

23. A 上海　　　　　　B 北京　　　　　　C 杭州

24. A 吃饭　　　　　　B 拍照　　　　　　C 逛超市

25. A 水　　　　　　　B 蛋糕　　　　　　C 饺子

26. A 图书馆　　　　　B 公园　　　　　　C 餐厅

27. A 今天　　　　　　B 明天　　　　　　C 后天

28. A 邮局　　　　　　B 医院　　　　　　C 银行

29. A 三明治　　　　　B 面条　　　　　　C 馒头

30. A 蛋糕　　　　　　B 香蕉　　　　　　C 鱼

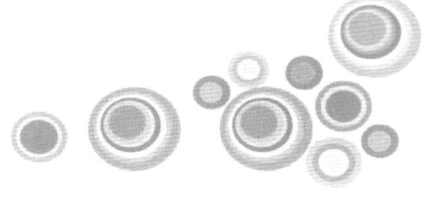

第四部分

第 31-40 题

例如：女：晚饭做好了，准备吃饭了。

男：等一会儿，比赛还有三分钟就结束了。

女：快点儿吧，一起吃，菜冷了就不好吃了。

男：你先吃，我马上就看完了。

问：男的在做什么？

   A 洗澡   B 吃饭   C 看电视 √

31. A 3月6号   B 3月16号   C 3月26号

32. A 父女   B 兄妹   C 夫妻

33. A 老师   B 医生   C 护士

34. A 腿   B 腰   C 头

35. A 看电视   B 看电影   C 打游戏

36. A 春节   B 元宵节   C 中秋节

37. A 银行   B 机场   C 邮局

38. A 衬衫   B 大衣   C 毛衣

39. A 游泳   B 复习   C 看电视

40. A 学生   B 老师   C 公司职员

二、阅读

第一部分

第 41-45 题

A. 我昨天下午好像在医院看见你了，是生病了吗？

B. 张老板说他马上就到，你去准备两杯咖啡送到我办公室。

C. 我和爷爷一起去钓鱼了。

D. 好的，王总，我马上给您发过去。

E. 当然。我们先坐公共汽车，然后换地铁。

F. 你什么时候开始实习的？

例如： 你知道怎么去那儿吗？　　　　　　　　　　　　　　　　(E)

41. 好的，请您稍等。　　　　　　　　　　　　　　　　　　( )

42. 我弟弟生病了，我去医院看他。　　　　　　　　　　　　( )

43. 我从上个月开始实习的。　　　　　　　　　　　　　　　( )

44. 王秘书，一会儿把会议资料发到我邮箱里。　　　　　　　( )

45. 周六你去哪儿了呀？　　　　　　　　　　　　　　　　　( )

第 46-50 题

A. 妈妈说她想吃橘子，咱们一会儿去超市买吧。

B. 这个小女孩儿真可爱啊，她是你女儿吗？

C. 你中午想吃什么？我给你做。

D. 好啊，周六咱们带她去吧。

E. 行，我晚上去机场接她。

46. 我想吃炸酱面。　　　　　　　　　　　　　　　　　　　（　）

47. 好的，吃完饭咱们就去超市。　　　　　　　　　　　　　（　）

48. 不是，她是我哥哥的女儿。　　　　　　　　　　　　　　（　）

49. 女儿说她想去看大熊猫，咱们周六带她去动物园吧！　　　（　）

50. 今天晚上我要加班没有时间，你去机场接姐姐吧。　　　　（　）

第 51-55 题

A 当然　　　B 水平　　　C 终于　　　D 又　　　E 声音　　　F 表示

例如：她说话的（ E ）多好听啊。

51. 在汉语中，（　　）"听"的词语很多。

52. 坐了这么久的车，我们（　　）到家了。

53. 你的汉语（　　）这么高，你在中国学习过吗？

54. 这（　　）是我买给你的呀。

55. 你怎么了，怎么（　　）哭了？

第 56-60 题

A 应该　　　B 特别　　　C 拿　　　D 爱好　　　E 完成　　　F 复习

例如：A：你有什么（ D ）？

B：我喜欢体育。

56. A：你明天就要考试了吗？
B：是的，所以我今天得（　　）。

57. A：你今天的作业（　　）了吗？
B：还没有，我等一下就去写。

58. A：你出去的时候记得多（　　）一件衣服，要不然会冷。
B：没事，我不怕冷。

59. A：这个地方（　　）好玩，你去过吗？
B：我还没去过，我打算这周末去。

60. A：现在都这么晚了，你（　　）不能出去吧。
B：没事，我妈妈还没有回来。

第三部分

第 61-70 题

例如：您是来参加今天会议的吗？您来早了一点儿，现在才八点半。您先进来坐吧。

★ 会议最可能几点开始？

A 8点　　　　B 8点半　　　　C 9点 √

61. 会议会在8号结束，我准备在会议结束之后去北京旅游。听说北京有很多好吃的，好玩的地方，我想去看看。

★会议结束之后，我会：

A 去上海　　　B 去北京　　　C 回家

62. 你现在还想吃面条吗？要是想吃的话，我们就快一点去那家饭店。因为现在已经9点半了，还有半个小时就要关门了。

★ 根据这段话，饭店几点关门？

A 9点　　　　B 9点半　　　　C 10点

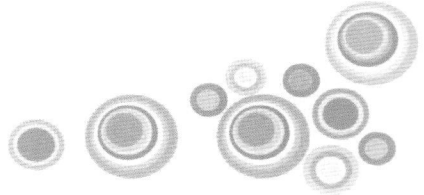

63.我妈妈和我家的邻居相处得很好,她们每天都会一起去商店买菜。而且有时候妈妈不在家,我就会去她家吃饭。

★ 我家的邻居:

    A 人很好 B 人不好 C 我没看见过

64.我觉得我们应该做一个乐于助人的人。因为帮助别人是一件很有意义的事情,别人会觉得开心,自己也会非常开心。

★ 根据这段话,我们应该经常:

    A 帮助别人 B 和别人玩 C 要相信自己

65. 中国有句古话说:"万事开头难。"也就是说所有的事情在一开始的时候是最难的,但是只要开始了,成功也不会很远了。

★ 任何事情什么时候最难?

    A 结束的时候 B 中间的时候 C 开始的时候

66.妈妈,我的电脑坏了,用不了了,但是我还有很多作业需要用电脑来完成。所以,你可以给我再买一个新的吗?

★ 我的电脑怎么了?

    A 它是新的　　B 坏了　　C 不见了

67. 我从小在南方长大，没有看见过下雪。现在上大学了，我的学校在北方。虽然北方很冷，但是我看见下雪了，我很开心。

★ 关于我，可以知道：

    A 北方长大　　B 看见下雪了　　C 学校在南方

68. 我昨天去一个公司面试了，那家公司特别有名，但是我很害怕自己没有机会进入那家公司。

★这段话，可以知道我：

    A 昨天面试了　　B 没去面试　　C 面试得很好

69.我的孩子特别喜欢打篮球，一到星期六，他就和同学去运动场打篮球，而且每次都会打一下午。

★ 关于我的孩子，你可以知道他喜欢：

A 打篮球　　　B 踢足球　　　C 游泳

70. 我每天都会吃水果。吃水果对身体好。但是饭后不能马上吃水果，应该要过一两个小时。而且上午吃会比晚上吃要好，所以最好在上午吃水果。

★ 根据这段话，我们应该：

A 少喝水　　　B 多吃糖　　C 多吃水果

三、书写

第一部分

第 71-75 题

例如：小船　　上　　一　　河　　条　　有

河上有一条小船。

71. 朋友　　我　　游泳　　去　　昨天　　和　　了

72. 参加　　会议　　老板　　去　　十点　　要

73. 漂亮　　妹妹　　眼睛　　的　　很

74. 很　　个子　　的　　爸爸　　高

75. 教室　　同学们　　学习　　在

第 76-80 题

例如：没（ 关^{guān} ）系，别难过，高兴点儿。

76. 他每天都花一个小时（ 跑^{pǎo} ）步。

77. 到了中国马上给我（ 打^{dǎ} ）电话。

78. 今天下班之后（ 我^{wǒ} ）去了一趟面包店。

79. 今天工作很忙，我很（ 晚^{wǎn} ）才回家。

80. 这个苹果特别（ 好^{hǎo} ）吃。

梦想中国语 模拟考试

新汉语水平考试

HSK（三级）10

注　意

一、HSK（三级）分三部分：

1.听力（40题，约35分钟）

2.阅读（30题，30分钟）

3.书写（10题，15分钟）

二、听力结束后，有5分钟填写答题卡。

三、全部考试约90分钟（含考生填写个人信息时间5分钟）。

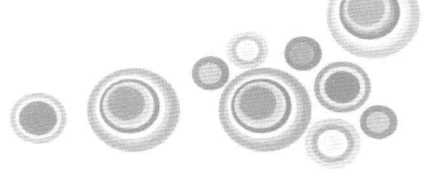

一、听力

第一部分

第 1-5 题

A

B

C

D

E

F

例如： 男：喂，请问张经理在吗？ D
女：他正在开会，您半个小时以后再打，好吗？

1.

2.

3.

4.

5.

第 6-10 题

A  B

C  D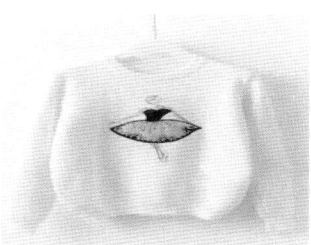

E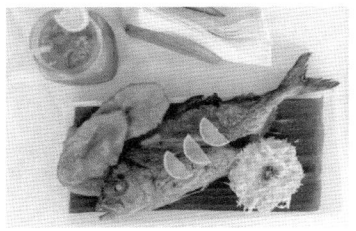

6. □

7. □

8. □

9. □

10. □

 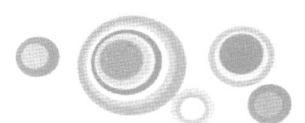

梦想中国语 模拟考试

第二部分

第 11-20 题

例如：为了让自己更健康，他每天都花一个小时去锻炼身体。

　　★ 他希望自己很健康。　　　　　　　　　　　　　（ √ ）

　　今天我想早点儿回家。看了看手表，才 5 点。过了一会儿再看表，还是 5 点，我这才发现我的手表不走了。

　　★ 那块儿手表不是他的。　　　　　　　　　　　　（ × ）

11. ★ 蛋糕是买的。　　　　　　　　　　　　　　　　（　　）

12. ★ 今晚的月亮很漂亮。　　　　　　　　　　　　　（　　）

13. ★ 爸爸喝酒后容易脸红。　　　　　　　　　　　　（　　）

14. ★ 他要去水果店买葡萄。　　　　　　　　　　　　（　　）

15. ★ 爷爷家有两只黑色的小狗。　　　　　　　　　　（　　）

16. ★ 姐姐在云南玩儿得很开心。　　　　　　　　　　（　　）

17. ★ 期末考试已经结束了。　　　　　　　　　　　　（　　）

18. ★ 姐姐没有上班。　　　　　　　　　　　　　　　（　　）

19. ★ 他正在买衣服。　　　　　　　　　　　　　　　（　　）

20. ★ 最近天气很热。　　　　　　　　　　　　　　　（　　）

第三部分

第 21-30 题

例如：男：小王，帮我开一下门，好吗？谢谢！

女：没问题。您去超市了？买了这么多东西。

问：男的想让小王做什么？

A 开门 √ B 拿东西 C 去超市买东西

21. A 数学 B 语文 C 英语

22. A 吃饱了 B 胃难受 C 感冒了

23. A 李秘书 B 王秘书 C 张秘书

24. A 英语专业 B 历史专业 C 哲学专业

25. A 邮局 B 银行 C 火车站

26. A 冰箱 B 空调 C 烤箱

27. A 饼 B 饺子 C 蛋糕

28. A 美国 B 法国 C 英国

29. A 机场 B 医院 C 商场

30. A 小学老师 B 中学老师 C 大学老师

第四部分

第 31-40 题

例如：女：晚饭做好了，准备吃饭了。

男：等一会儿，比赛还有三分钟就结束了。

女：快点儿吧，一起吃，菜冷了就不好吃了。

男：你先吃，我马上就看完了。

问：男的在做什么？

  A 洗澡   B 吃饭   C 看电视 √

31. A 公园门口   B 图书馆门口   C 小区门口

32. A 15元   B 30元   C 45元

33. A 很好玩   B 不好玩   C 一般

34. A 语文   B 数学   C 英语

35. A 今年6岁   B 眼睛大   C 皮肤白

36. A 兄弟   B 父子   C 朋友

37. A 打扫房间   B 做饭   C 洗衣服

38. A 一只   B 两只   C 三只

39. A 10元   B 20元   C 30元

40. A 30元   B 60元   C 180元

二、阅读

第一部分

第 41-45 题

A. 感觉你今天心情不太好，怎么了？

B. 今天外面风特别大，你出门的时候多穿点。

C. 你觉得这个书包怎么样？

D. 五元一个。

E. 当然。我们先坐公共汽车，然后换地铁。

F. 能把你的语文书借我一下吗？

例如： 你知道怎么去那儿吗？　　　　　　　　　　　　　　　(E)

41. 我觉得还是那个红色的书包更好看。　　　　　　　　　　( )

42. 我的钱包丢了，那是姐姐送我的礼物，所以我很难过。　　( )

43. 当然可以了，就在桌子上，你自己拿吧。　　　　　　　　( )

44. 这个笔记本真好看，多少钱呢？　　　　　　　　　　　　( )

45. 好的，我知道了，不用担心我。　　　　　　　　　　　　( )

第 46-50 题

A. 您好，请问银行怎么走？

B. 好久不见了，你最近过得好吗？

C. 我每天下午6点下班。

D. 妹妹正在画画。

E. 我玩儿了一个星期，特别开心。

46. 挺好的，就是工作有点忙。 （ ）

47. 不好意思，我也不太清楚，你问问别人吧。 （ ）

48. 你每天几点下班呢？ （ ）

49. 你在南京玩儿了几天啊？ （ ）

50. 妹妹现在在干什么呢？ （ ）

第二部分

第 51-55 题

A 鼻子　　　B 参加　　　C 本　　　D 菜单　　　E 声音　　　F 懂

例如：她说话的（ E ）多好听啊。

51. 外面是不是很冷？你的（　　）都红了。

52. 我刚刚去书店买了几（　　）书，就花了50元。

53. 服务员，我能看一下这里的（　　）吗？

54. 你（　　）昨天的晚会了吗？是不是很好玩？

55. 我不会汉语，所以我听不（　　）你说的话。

第 56-60 题

A 除了　　　B 锻炼　　　C 到　　　D 爱好　　　E 发烧　　　F 关于

例如：A：你有什么（ D ）？

B：我喜欢体育。

56. A：我昨天游泳回来之后，身上好痛啊。
B：看来你得多（　　）了

57. A：你现在（　　）哪里了，大家都在等你呢？
B：我已经到饭店门口了。

58. A：（　　）这件事，你有什么想法吗？
B：没有什么特别的想法。我觉得这样做也行吧。

59. A：（　　）爸妈之外，你们和谁的关系最好？
B：当然是朋友啊。

60. A：听说你昨天（　　）了，你今天怎么还来上课啊？
B：没事，我已经好多了。

第三部分

第 61-70 题

例如：您是来参加今天会议的吗？您来早了一点儿，现在才八点半。您先进来坐吧。

★ 会议最可能几点开始？

A 8点　　　　B 8点半　　　　C 9点　√

61. 我的丈夫是一名足球老师，他很喜欢踢足球。每个星期日，他都会和他的学生去踢足球，一踢就是一天。

★ 我的丈夫：

A 是篮球老师　　B 爱踢足球　　C 不是老师

62. 我的姐姐最近喜欢把头发放下来，她说这样可以使脸看上去更小，更瘦一点，但是我感觉和以前没有什么不一样。

★ 姐姐为什么把头发放下来？

A 觉得脸瘦　　B 头发很长　　C 很方便

63. 在做一件事情之前，我们应该做好准备。这样当我们遇到问题的时候，就不会着急，就能更快地找到解决办法。

★ 做一件事之前：

      A 不做准备   B 做好准备   C 什么都不干

64. 我家附近有一个饭店，饭店里面的菜很好吃。每次我和丈夫不想做饭的时候，就会去那家饭店吃饭。

★ 饭店在我家的：

      A 前面   B 后面   C 附近

65. 我同事有一个儿子，今年11岁了，长得很可爱，而且特别聪明，每次考试都是第一名。

★ 我同事的儿子：

      A 不可爱   B 爱笑   C 很聪明

66. 我们学校旁边有一个超市，很大，有两层，第一层是卖吃的，第二层是卖学习的东西。每次我们放学的时候，都会去超市买一点吃的东西。

★ 那个超市：

A 不大　　　　B 没有人　　　C 有两层

67. 今天我要做的事情太多了，太忙了。所以没有时间和你一起去吃饭了，你看明天晚上可以吗？

★ 今天我为什么没有时间和他去吃饭？

A 去医院　　　B 很忙　　　C 要回家

68. 这是我新买的手机，是不是很漂亮？而且才2000块钱，一点也不贵。要不你也去买一个吧。

★ 这个手机：

A 很漂亮　　　B 很贵　　　C 很大

69. 我每天早上起来第一件事，就是喝一杯水。喝水对人的身体很好。但是有很多人不喜欢喝水，他们觉得水不好喝，没有味道，这样想是不对的。

★ 根据这段话，我们应该：

A 多喝水　　　B 不喝水　　　C 喝果汁

70. 这就是我和你说过我哥哥送给我的的那本书，特别有意思。你要看吗？你如果想看的话,可以来找我拿,但是不要弄坏了,因为这本书对我很重要。

★ 这本书是谁给我的?

      A 我老师   B 我同学   C 我哥哥

三、书 写

第一部分

第 71-75 题

例如：小船　　上　　一　　河　　条　　有

　　　河上有一条小船。

71. 打算　　葡萄　　超市　　我　　买　　去

72. 她　　认真　　特别　　学习

73. 钱包　　买　　商场　　去　　了　　昨天　　我　　一个

74. 弹钢琴　　妹妹　　喜欢

75. 糖　　放　　咖啡里　　说　　不要　　客人

第二部分

第 76-80 题

例如：没（ 关^{guān} ）系，别难过，高兴点儿。

76. 我家的（ 电^{diàn} ）视坏了，一会儿得去修一下。

77. 我今天晚上八（ 点^{diǎn} ）的飞机到上海。

78. 这条粉色的裙子很漂亮，女儿（ 穿^{chuān} ）上肯定很漂亮。

79. 弟弟经（ 常^{cháng} ）玩儿电脑游戏。

80. 他的爸爸是一（ 名^{míng} ）警察。

<MP3 파일 & 시험 답안 무료 다운!>

이 책에 관련된 MP3 음성 파일과 모의 시험의 답안은 드림중국어 카페 (http://cafe.naver.com/dream2088)를 회원 가입한 후에 다운 받으실 수 있습니다.

MP3 파일 다운로드 주소:　　　　　　https://cafe.naver.com/dream2088/3835

시험 답안 다운로드 주소:　　　　　　https://cafe.naver.com/dream2088/3836

한국어 해석본 다운로드 주소:　　　　https://cafe.naver.com/dream2088/3837

드림중국어 1:1 화상 수업

드림중국어 원어민 수업 체험 예약 (30분)

QR 코드를 스캔해서 중국어 수업을 체험 신청하세요.

(네이버 아이디로 들어감)

ZOOM 1:1 수업, 휴대폰/태블릿/컴퓨터로 수업 가능

드림중국어 대면 수업

드림중국어 인천 청라점

주소: 인천 청라국제도시

상담 전화: 032-567-6880

드림중국어 강남 대치동점

주소: 서울시 강남구 대치동

상담 전화: 010-5682-6880

<드림중국어 시리즈 교재>

책 제목	책 제목
드림중국어 왕초보 탈출 1 (HSK 1급)	드림중국어 YCT 1-4급 실전 모의고사 (세트)
드림중국어 왕초보 탈출 2 (HSK 2급)	드림중국어 YCT 회화 (초급) 실전 모의고사
드림중국어 중급 듣기 1 (HSK 3급)	드림중국어 YCT 회화 (중급) 실전 모의고사
드림중국어 초급 회화 600 (HSK 3급)	드림중국어 HSK 1-6급 실전 모의고사 (세트)
드림중국어 중급 회화 600 (HSK 4-5급)	드림중국어 HSKK 초급 실전 모의고사
드림중국어 고급 회화 800 (HSK 5-6급)	드림중국어 HSKK 중급 실전 모의고사
드림중국어 신 HSK 초.중급 필수 단어	드림중국어 HSKK 고급 실전 모의고사
드림중국어 신 HSK 고급 필수 단어	드림중국어 수능 기출 문제집 (세트)
드림중국어 신 HSK 초급 문법	드림중국어 수능 대비 문제집 (세트)
드림중국어 신 HSK 중급 문법	드림중국어 실용 회화 시리즈 (세트)
드림중국어 신 HSK 고급 문법	드림중국어 수능 단어 총정리 (세트)
드림중국어 한자쓰기 초.중급	드림중국어 중국 어린이 동요 100 (세트)
드림중국어 한자쓰기 중급/고급 (세트)	드림중국어 중국 어린이 시 100
드림중국어 중급 읽기 1-4 (중국 문화 이야기)	드림중국어 중국 시 100
드림중국어 고급 읽기 1-2 (중국 문화 이야기)	드림중국어 중국 명인 명언 100 (세트)
드림중국어 SAT2 대비 문제집 (세트)	드림중국어 MCT (의학 중국어 시험) 단어
드림중국어 고급 회화 1 (TSC, HSKK 고급)	중국 아이들이 좋아하는 동화 이야기 (세트)
드림중국어 고급 단어 5000 (HSK 1-6급)	드림중국어 중국 인기 노래 100 (세트)

<드림중국어> 출판사 전화: 010-9853-6588